캐릭터 소개

까비
호기심 많고 장난꾸러기이나 언제나 친구들을 위해 위험을 무릅쓰는 소년이다.

슬기
지식 내공이 높은 소녀로 주위 사람들을 잘 도와주고 미션을 제시한다.

토토
척척박사인 슬기의 애완견으로 까비의 미션 성공을 위해 많은 도움을 준다.

컴속세상
파워포인트 2016은
마법의 요술상자

초판 발행일 | 2021년 1월 20일
지은이 | 해람북스 기획팀
펴낸이 | 박재영
총편집인 | 이준우
기획진행 | 김미경
편집디자인 | 김영리

(주)해람북스

주소 | 서울시 용산구 한남대로 11길 12, 6층
문의전화 | 02-6337-5419 **팩스** 02-6337-5429
홈페이지 | http://www.hrbooks.co.kr

발행처 | (주)미래엔에듀파트너 **출판등록번호** | 제2020-000101호

ISBN 979-11-6571-114-6 13000

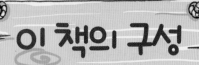

이 책의 구성

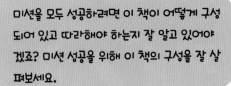

미션을 모두 성공하려면 이 책이 어떻게 구성되어 있고 따라해야 하는지 잘 알고 있어야 겠죠? 미션 성공을 위해 이 책의 구성을 잘 살펴보세요.

02장 나와라 얍! 열기 요술봉의 비밀
- 저장된 문서 불러오기
- 슬라이드 레이아웃 적용하기
- 슬라이드 쇼 보기

날짜	월	일
타수내공 :		
확인란 :		

타자 체크
수업 시작 전 날짜와 타자 연습한
기록을 적습니다.

오늘의 미션
- 슬라이드 작성하기
- 슬라이드 확대/축소하기
- 저장하고 종료하기

오늘의 미션
해당 장에서 배울 기능을
미션으로 제시해 줍니다.

미션 Hint
- 슬라이드 작성하
- 저장하고 종료하

미션 Hint
따라하기를 하기 전 미션에서 제시한
기능을 설명합니다.

예제 따라하기
미션에서 제시된 기능들을 따라하기를
통해 학습합니다.

② 새 슬라이드를 추가하기 위해 [홈] 탭-[슬라이드] 그룹에서 [새 슬라이]
을 클릭합니다.

바로가기ㄹ
이용하면 빠르게 ㅈ
수 있어!

토토가 알려주는 Tip

따라하기 쉽게 하기 위한
방법이나 보충 설명을 토토가
자세히 알려줍니다.

재미 Fun 실력 Up

디자인 테마에는
파일을 슬라이드 배

재미 Fun 실력 Up

해당 장에서 배운 기능들에
대한 퀴즈를 풀어봅니다.

컴속 해결사

컴속 해결사

따라하기 설명에 포함되지
않지만 중요한 내용들을
토토가 자세히 알려줍니다.

쑥쑥! 실력 키우기

실력 쑥쑥!

배운 내용을 반복해서 학습하고
응용할 수 있도록 혼자서 문제를 풀어
봅니다.

도전! 자격증

배운 기능 레벨에 맞는
자격증 문제를 혼자서 풀어봅니다.

도전! 발표 마법사

학교	
이름	

Finish

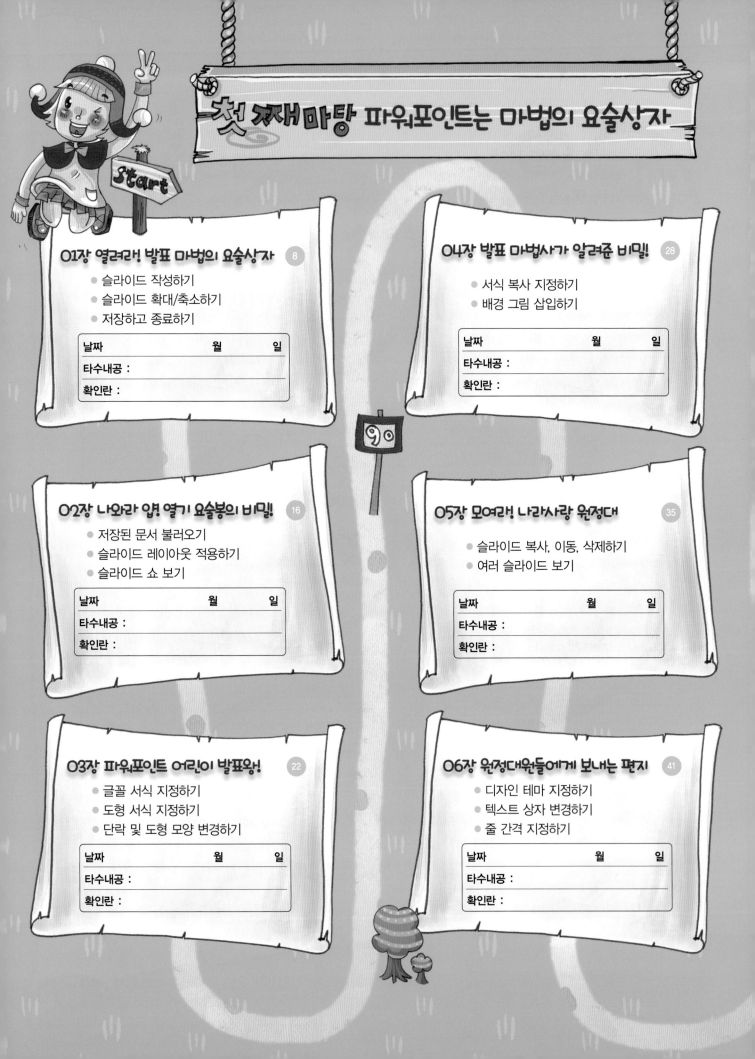

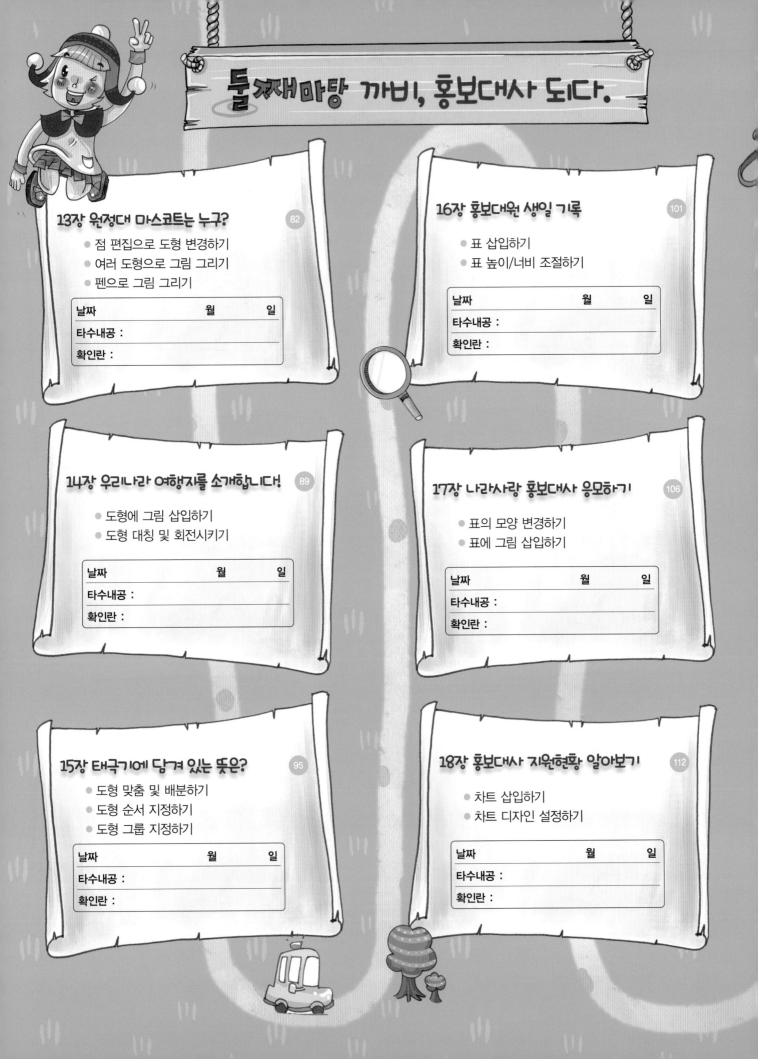

01 파워포인트 요술상자를 열어요!

파워포인트 프로그램을 이용하면 누구보다 멋지게 발표 수업을 할 수 있답니다. 함께 파워포인트의 화면 구성에 대해 알아보아요.

1 [⊞]–[PowerPoint 2016] 메뉴를 차례대로 클릭합니다.

2 파워포인트 2016 프로그램 창이 나타나면 다음과 같이 화면 구성을 살펴 봅니다.

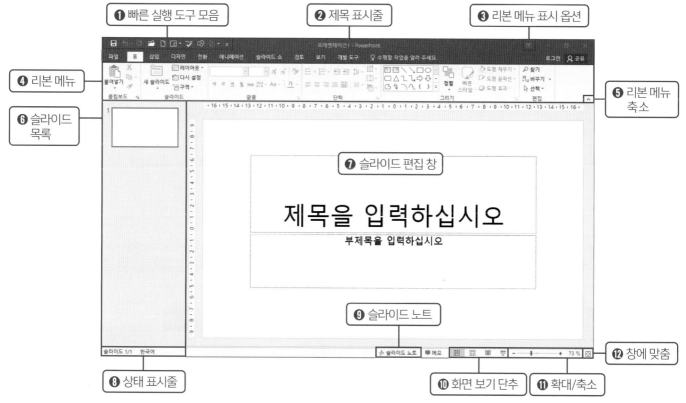

❶ 빠른 실행 도구 모음　❷ 제목 표시줄　❸ 리본 메뉴 표시 옵션　❹ 리본 메뉴　❺ 리본 메뉴 축소　❻ 슬라이드 목록　❼ 슬라이드 편집 창　❽ 상태 표시줄　❾ 슬라이드 노트　❿ 화면 보기 단추　⓫ 확대/축소　⓬ 창에 맞춤

❶ 자주 쓰는 도구가 모여 있는 메뉴로 사용자가 필요한 메뉴를 추가할 수 있습니다.

❷ 저장된 파일의 이름이 표시됩니다.

❸ 리본 메뉴를 다양한 형식으로 표시할 수 있습니다.

❹ 사용자가 알아보기 쉬운 그림으로 도구가 표시됩니다.

❺ 리본 메뉴를 숨깁니다.

❻ 추가된 슬라이드를 확인하거나 복사, 위치 이동, 삭제 등을 할 수 있습니다.

❼ 슬라이드를 편집하는 곳입니다.

❽ 슬라이드의 상태를 확인할 수 있습니다.

❾ 슬라이드 노트를 추가할 수 있습니다.

❿ 슬라이드 보기 방식을 변경할 수 있습니다.

⓫ 슬라이드 크기를 변경할 수 있습니다.

⓬ 슬라이드 크기를 창에 맞출 수 있습니다.

02 슬라이드를 작성해 보아요.

슬라이드란 종이 한 장, 한 장과 같은 의미로 발표할 때 보이는 하나의 화면을 말한답니다. 발표에서 슬라이드 작성은 기본이에요.

1 다음과 같이 제복과 부제목 입력란 상자에 글을 입력합니다.

2 새 슬라이드를 추가하기 위해 [홈] 탭-[슬라이드] 그룹에서 [새 슬라이드]-[제목 및 내용] 레이아웃 을 클릭합니다.

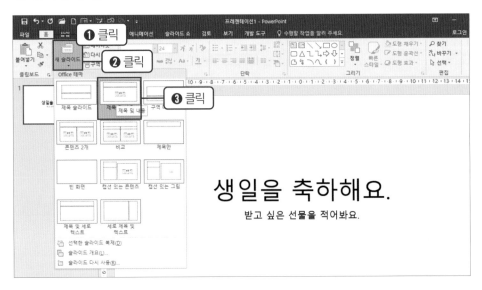

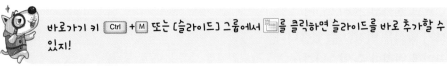

바로가기 키 Ctrl + M 또는 [슬라이드] 그룹에서 █를 클릭하면 슬라이드를 바로 추가할 수 있지!

3 다음과 같이 제목과 본문 입력란 상자에 글자를 입력합니다.

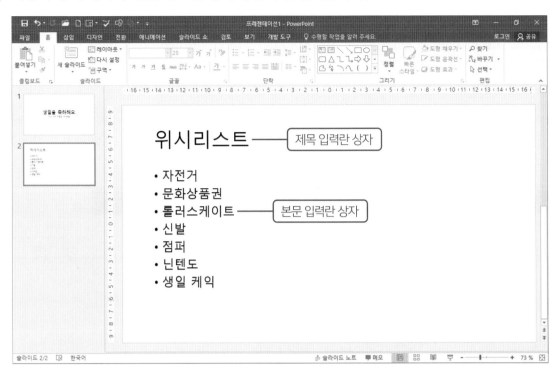

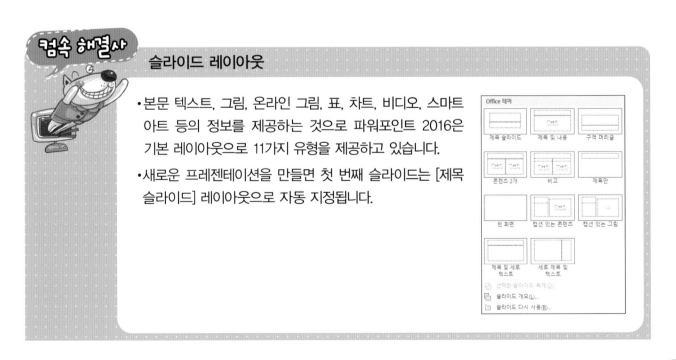

슬라이드 레이아웃

- 본문 텍스트, 그림, 온라인 그림, 표, 차트, 비디오, 스마트 아트 등의 정보를 제공하는 것으로 파워포인트 2016은 기본 레이아웃으로 11가지 유형을 제공하고 있습니다.

- 새로운 프레젠테이션을 만들면 첫 번째 슬라이드는 [제목 슬라이드] 레이아웃으로 자동 지정됩니다.

슬라이드를 확대/축소해 보아요.

작성한 슬라이드를 확대하여 자세히 표시하거나 축소하여 더 많은 페이지를 작은 크기로 표시할 수 있어요.
슬라이드의 크기를 확대하고 축소해 보아요.

1 [보기] 탭-[확대/축소] 그룹의 [확대/축소]를 클릭하고 [확대/축소] 대화상자에서 배율을 '33%'로 선택한 후 [확인] 단추를 클릭합니다.

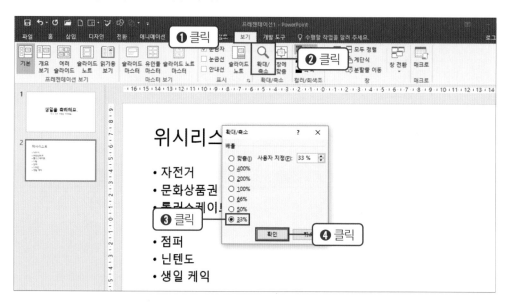

2 슬라이드가 축소된 것을 확인한 후 다시 [보기] 탭-[확대/축소] 그룹의 [창에 맞춤]을 클릭합니다.

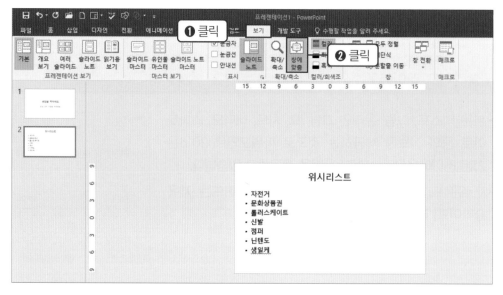

 파워포인트 창 오른쪽 하단에 있는 [확대/축소] 도구를 이용해 빠르게 화면을 확대하거나 축소할 수도 있어!

04 문서를 저장해 보아요.

작업한 문서를 다음에 다시 확인하려면 현재 내용을 보관해야 해요. 작업한 문서를 컴퓨터에 저장하는 방법을 알아보아요.

1 문서를 저장하기 위해 [파일]-[저장]-[찾아보기]를 클릭하거나 빠른 실행 도구 모음에서 [저장(🔲)]을 클릭합니다.

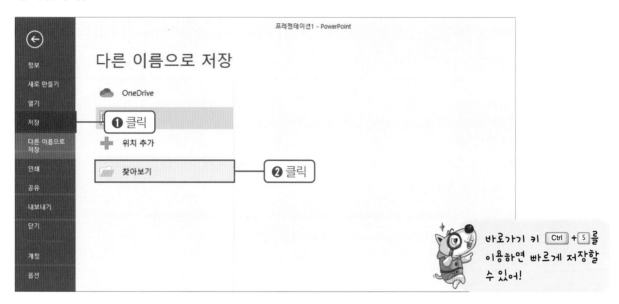

바로가기 키 Ctrl + S 를 이용하면 빠르게 저장할 수 있어!

2 [다른 이름으로 저장] 대화상자가 나타나면 저장 위치를 지정하고, 파일 이름을 '위시리스트'로 입력한 후 [저장] 단추를 클릭합니다.

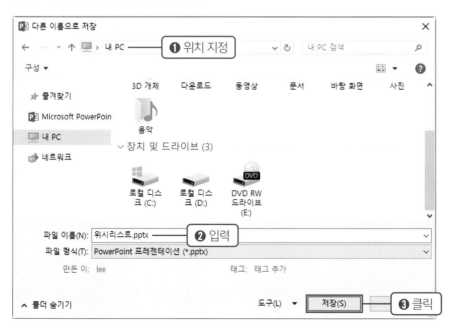

③ 파워포인트 2016 프로그램을 종료하려면 [파일]-[닫기] 메뉴를 클릭합니다.

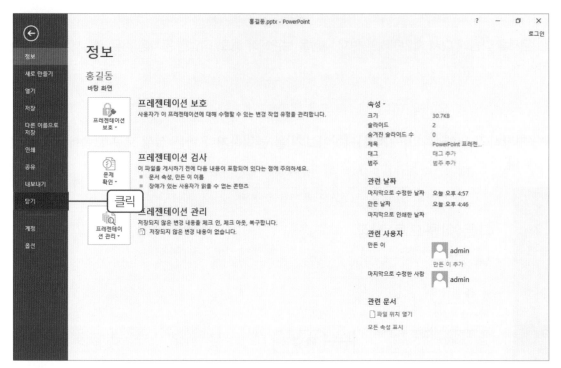

 바로가기 키 [Alt] + [F4]를 이용해 파워포인트 프로그램을 종료할 수도 있어!

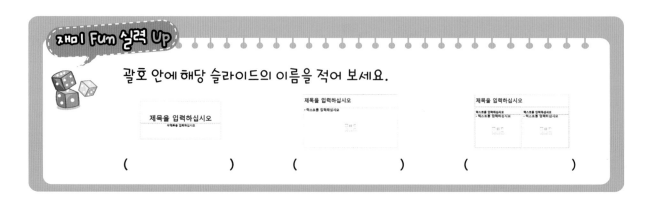

재미 Fun 실력 Up

괄호 안에 해당 슬라이드의 이름을 적어 보세요.

(   )   (   )   (   )

쑥쑥! 실력 키우기

1 다음과 같은 슬라이드를 각각 작성한 후 "마법의 요술상자"로 저장해 보세요.

마법의 요술 상자
바르게 사용하기

▲ 제목 슬라이드

마법의 요술 상자 좋은 점

- 장면전환을 이용하여 멋진 동영상을 만들 수 있다.
- 도형을 이용하여 웹툰을 만들 수 있다.
- 예쁜 캐릭터를 만들 수 있다.
- 발표 자료를 만들 수 있다.

▲ 제목 및 내용

 바로가기 키 Ctrl + M을 이용해 새 슬라이드를 추가할 수 있어요.

01 저장해 둔 문서를 불러와 보아요.

앞서 작성한 파일을 저장해 보았죠? 저장한 파일은 어디에 보관되어 있을까요? 그럼 이번에는 저장한 파일을
다시 불러오는 방법을 알아보아요.

1 파워포인트 2016 프로그램을 실행한 후 [파일]–[열기]–[찾아보기] 메뉴를 클릭합니다.

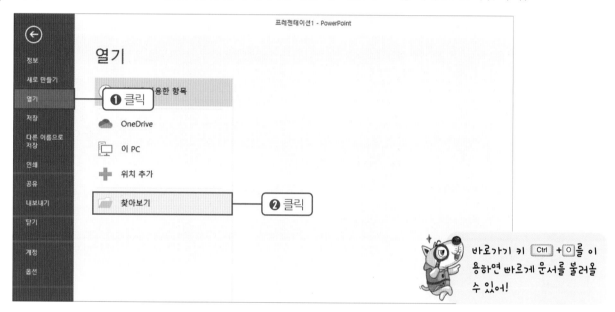

2 [열기] 대화상자가 나타나면 "위시리스트.pptx" 파일을 찾아 선택하고 [열기] 단추를 클릭합니다.

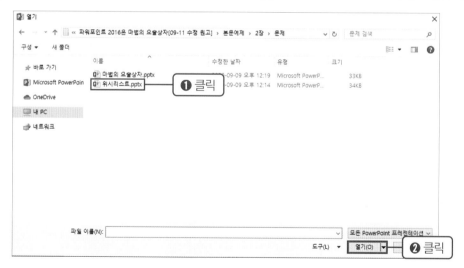

02 슬라이드 레이아웃을 적용해 보아요.

슬라이드 레이아웃을 이용하면 이미 작성되어 있는 슬라이드의 레이아웃을 다른 모양으로 변경할 수 있어요.
슬라이드 레이아웃을 적용하는 방법을 알아보고 슬라이드 쇼로 확인해 보아요.

1 두 번째 슬라이드를 선택하고 [홈] 탭–[슬라이드] 그룹에서 [레이아웃]–[콘텐츠 2개] 레이아웃을 클릭합니다.

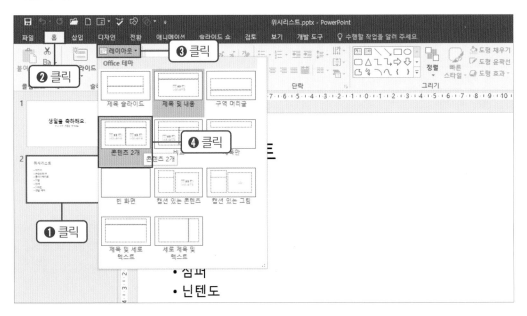

2 그림을 삽입하기 위해 다음과 같이 [그림] 아이콘을 클릭합니다.

3 [그림 삽입] 대화상자가 나타나면 '마법사.png' 파일을 찾아 다음과 같이 슬라이드에 삽입합니다.

4 [홈] 탭-[슬라이드] 그룹에서 [새 슬라이드]-[캡션 있는 그림] 레이아웃을 선택하여 새 슬라이드를 추가합니다.

5 다음과 같이 [그림] 아이콘을 클릭하여 [그림 삽입] 대화상자가 나타나면 '배경.png' 파일을 선택한 후 [삽입] 단추를 클릭합니다.

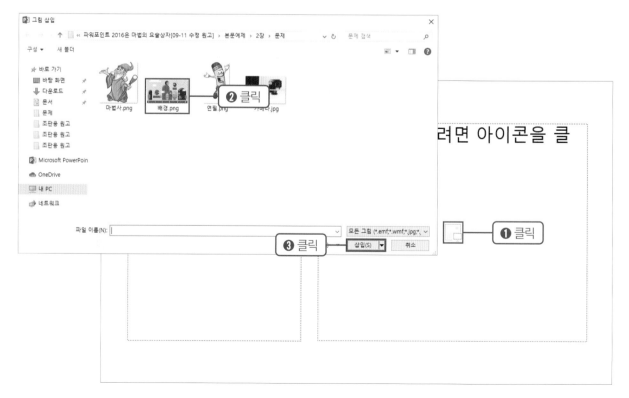

6 다음과 같이 글자를 입력하여 슬라이드를 완성해 봅니다.

7 [슬라이드 쇼] 탭–[슬라이드 쇼 시작] 그룹에서 [처음부터]를 클릭하여 완성한 슬라이드 쇼를 확인해 봅니다. (바로 가기 키 F5)

 현재 슬라이드부터 슬라이드 쇼를 보려면 화면 오른쪽 하단의 화면 보기 단추에서 [슬라이드 쇼(🖵)]를 클릭해!

1| "마법의 요술상자.pptx" 파일을 불러온 후 다음과 같이 변경해 보세요.

· 두 번째 슬라이드 : '콘텐츠 2개' 레이아웃으로 변경

마법의 요술 상자 좋은 점

- 장면전환을 이용하여 멋진 동 영상을 만들 수 있다.
- 도형을 이용하여 웹툰을 만들 수 있다.
- 예쁜 캐릭터를 만들 수 있다.
- 발표 자료를 만들 수 있다.

그림('연필.png')

2| "마법의 요술상자.pptx" 파일에서 '콘텐츠 2개' 슬라이드를 추가하고 다음과 같은 슬라이드를 작성 해 보세요.

동영상으로 저장하는 방법

- 동영상으로 만들 파일을 완성 합니다.
- 파일에서 다른 이름으로 저장 을 클릭합니다.
- 저장 파일 형식을 WMV로 저 장합니다.

그림('카메라.jpg')

01 글꼴 서식을 변경해 보아요.

입력한 글자를 예쁘게 꾸미면 눈에도 잘 띄고 보기도 좋아요. 글꼴 서식 기능을 이용해 글자 모양을 예쁘게 꾸며 볼까요?

1 파워포인트 2016을 실행한 후 제목과 부제목 입력란 상자에 다음과 같이 글자를 입력합니다.

2 제목 부분을 마우스로 드래그하여 블록으로 지정한 후 [홈] 탭–[글꼴] 그룹에서 글꼴 서식(휴먼옛체, 48, '주황, 강조 2')을 지정합니다.

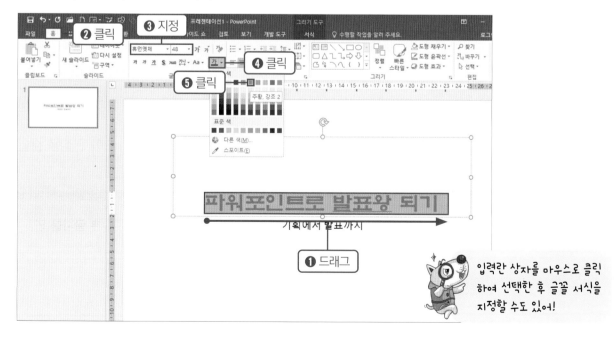

3 [제목 및 내용] 슬라이드를 추가한 후 다음과 같이 글자를 입력하고 글꼴 서식을 지정해 봅니다.

발표 수업 *준비는 이렇게!!* —

- '발표 수업' : 글꼴(휴먼매직체, 54, 황금색, 강조 4)
- '준비' : 글꼴(휴먼매직체, 40, 녹색, 강조 6, 25% 더 어둡게, 기울임꼴)
- '는 이렇게!' : 글꼴(휴먼매직체, 28, 빨강, 기울임꼴)

- 주제 및 목표 정하기
- 청중 분석하기
- 자료 수집 및 분석하기
- 원고 작성하기
- 파워포인트로 발표 자료 만들기 — 글꼴(돋움, 25, 굵게)
- 대본 연습 및 평가하기
- 실제 발표하기

컴속 해결사

[미니 도구 모음]으로 서식 지정하기

- [미니 도구 모음]은 텍스트 편집에 자주 사용되는 도구들만 따로 모아 편집을 손쉽게 할 수 있도록 도와줘요.
- 입력한 텍스트를 드래그하여 블록으로 지정하면 [미니 도구 모음]이 화면에 나타나요.

02 도형 서식을 지정해 보아요.

텍스트 상자에 색을 채우거나 윤곽선을 지정하여 눈에 잘 보이도록 만들 수 있답니다. 함께 도형 서식을 지정해 보아요.

❶ 첫 번째 슬라이드의 제목 입력란 상자를 선택하고 [그리기 도구]–[서식] 탭–[도형 스타일] 그룹–[도형 채우기]에서 '노랑'을 클릭합니다.

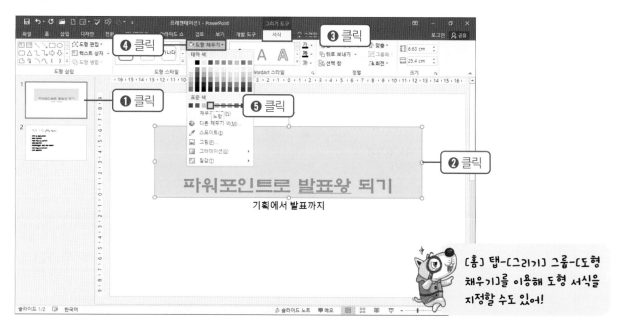

[홈] 탭-[그리기] 그룹-[도형 채우기]를 이용해 도형 서식을 지정할 수도 있어!

❷ 두 번째 슬라이드의 제목 입력란 상자를 선택하고 [그리기 도구]–[서식] 탭–[도형 스타일] 그룹에서 [자세히] 단추를 클릭하여 '색 윤곽선 – 황금색, 강조 4'를 클릭합니다.

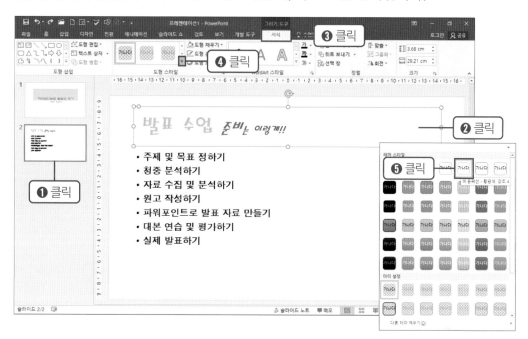

03 단락 및 도형을 변경해 보아요.

작성한 텍스트를 왼쪽/가운데/오른쪽 맞춤 등으로 변경할 수 있으며, 텍스트 상자를 다른 도형으로 변경할 수도 있어요.

1 마우스 드래그를 이용해 다음과 같이 블록을 지정한 후 [홈] 탭-[단락] 그룹에서 '오른쪽 맞춤(≡)'을 클릭합니다.

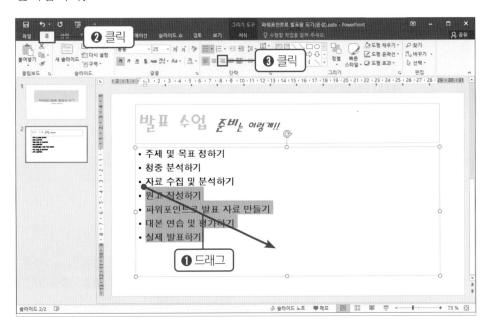

2 제목 입력란 상자를 선택하고 [그리기 도구]-[서식] 탭-[도형 삽입] 그룹의 [도형 편집]-[도형 모양 변경]에서 '가로로 말린 두루마리 모양'을 클릭합니다.

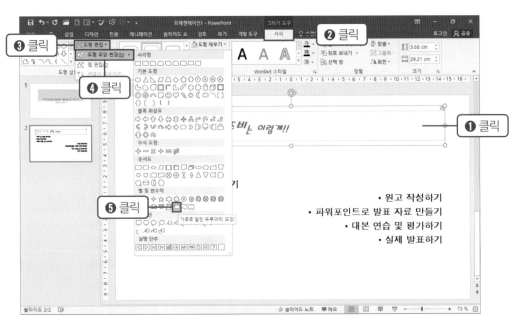

쑥쑥! 실력 키우기

1| 다음과 같은 슬라이드를 작성한 후 "동요 가사집"으로 저장해 보세요.

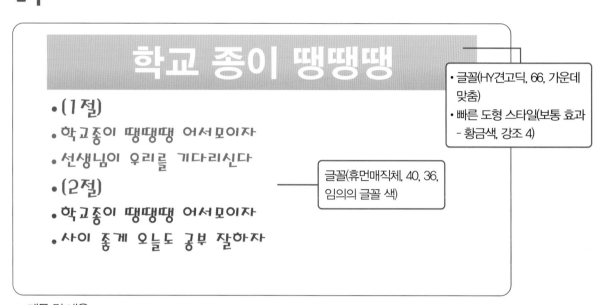

- 글꼴(HY견고딕, 66, 가운데 맞춤)
- 빠른 도형 스타일(보통 효과 – 황금색, 강조 4)

글꼴(휴먼매직체, 40, 36, 임의의 글꼴 색)

▲ 제목 및 내용

2| "학교종이 계이름 표 만들기.pptx" 파일을 불러와 다음과 같이 슬라이드를 작성해 보세요.

- 글꼴(휴먼옛체, 42, 빨강, 기울임꼴, 가운데 맞춤)
- 빠른 도형 스타일(미세 효과 – 황금색, 강조 4)

- 글꼴(돋움, 28)
- 도형 채우기 : 임의의 색

01 서식을 복사해 보아요.

똑같은 서식을 매번 지정하려니 힘들다고요? 서식 복사 기능을 이용해 보세요. 마우스 드래그만으로도 같은 서식을 지정할 수 있어요.

① 파워포인트 2016을 실행한 후 다음과 같이 [제목 및 내용] 슬라이드를 작성해 봅니다.

발표 마법사가 알려준 비밀!

• 발표하기 전 사전준비를 잘해야 해요.
• 많은 연습을 통한 익숙함이 중요해요.
• 문장은 최대한 간결하게 작성해요.
• 청중과 함께 호흡하며 발표해요.
• 유머감각도 키우면 좋아요.
• 적절한 손짓으로 생기 있는 발표를 해요.

• 글꼴(HY엽서M, 36, 44, 임의의 글꼴 색, 가운데 맞춤)
• 빠른 도형 스타일(강한 효과 - 황금색, 강조 4)

• 본문 : HY산B, 25
• '발표' : 휴먼옛체, 35, 빨강
• '사전준비' : HY견고딕, 32, 연한 파랑

② 서식을 복사할 부분에 커서를 위치시킨 후 [홈] 탭-[클립보드] 그룹에서 [서식 복사(❖)]를 클릭합니다.

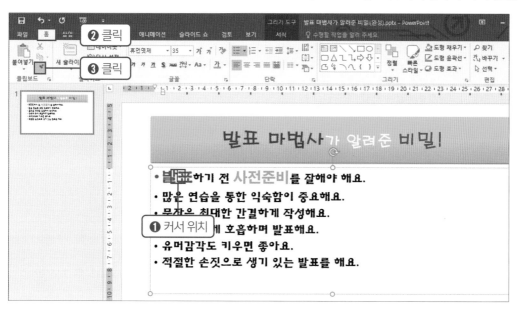

③ 마우스 포인터가 모양으로 변하면 서식을 적용할 부분을 마우스로 드래그합니다.

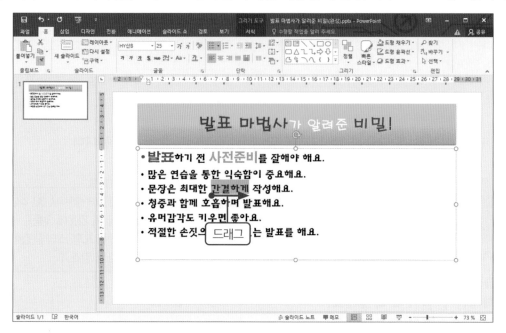

④ 서식을 복사할 부분에 커서를 위치시킨 후 [홈] 탭-[클립보드] 그룹에서 [서식 복사(🖌)]를 더블클릭
합니다.

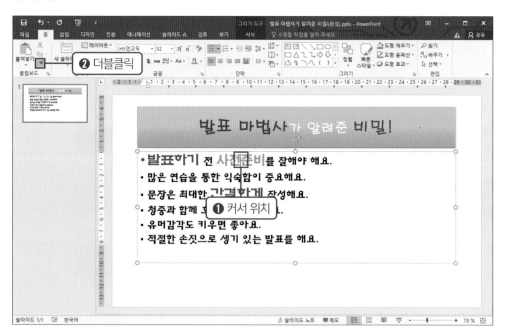

[서식 복사(🖌)]를 클릭하는 것과 더블클릭하는 것의 차이점을 비교해봐!

5 마우스 포인터가 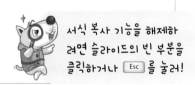 모양으로 변하면 서식을 적용할 부분을 각각 마우스로 드래그합니다.

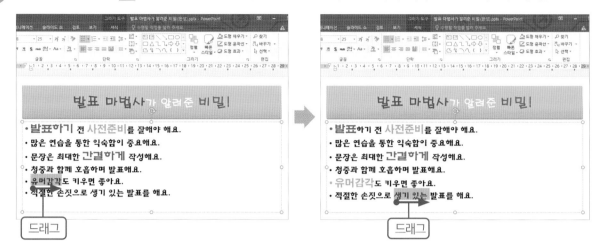

6 서식 복사 기능을 이용하여 다음과 같이 완성해 봅니다.

발표 마법사가 알려준 비밀!

- **발표**하기 전 사전준비를 잘해야 해요.
- 많은 연습을 통한 익숙함이 중요해요.
- 문장은 최대한 **간결하게** 작성해요.
- 청중과 함께 호흡하며 발표해요.
- 유머감각도 키우면 좋아요.
- **적절한** 손짓으로 생기 있는 발표를 해요.

서식 복사 기능을 해제하려면 슬라이드의 빈 부분을 클릭하거나 Esc 를 눌러!

02 배경에 그림을 삽입해 보아요.

배경 서식을 이용하면 슬라이드 배경을 예쁘게 꾸밀 수 있어요. 이번에는 슬라이드 배경에 그림을 삽입하는 방법을 알아보아요.

① 슬라이드의 빈 부분에서 마우스 오른쪽 단추를 클릭한 후 팝업 메뉴가 나타나면 [배경 서식]을 클릭합니다.

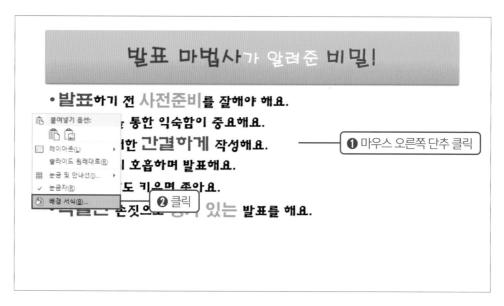

② 오른쪽에 [배경 서식] 창이 나타나면 [채우기]에서 [그림 또는 질감 채우기]-[파일]을 차례대로 클릭합니다.

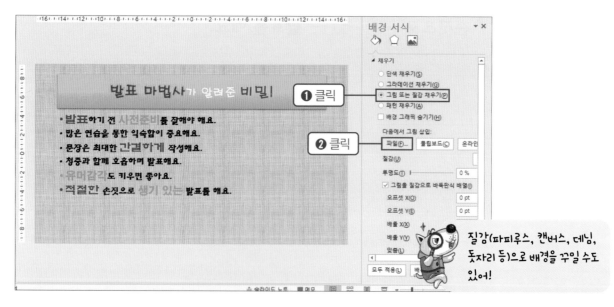

질감(파피루스, 캔버스, 데님, 돗자리 등)으로 배경을 꾸밀 수도 있어!

③ [그림 삽입] 대화상자가 나타나면 '배경1.png' 파일을 찾아 선택한 후 [삽입] 단추를 클릭합니다.

④ [배경 서식] 창에서 투명도를 30%로 지정한 후 [닫기(×)] 단추를 클릭하여 [배경 서식] 창을 닫고 삽입된 슬라이드 배경을 확인해 봅니다.

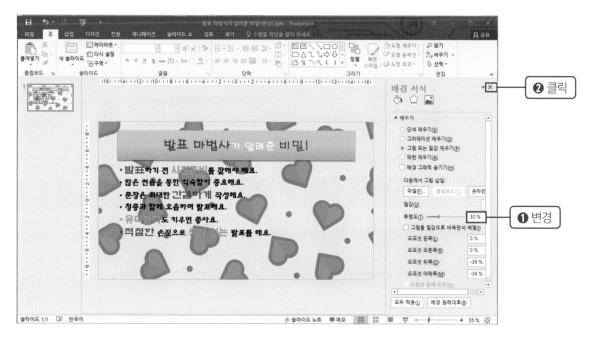

쑥쑥! 실력 키우기

1 [서식 복사] 기능을 이용하여 다음과 같은 슬라이드를 완성해 보세요.

- 글꼴(MD개성체, 48, 가운데 맞춤)
- 빠른 도형 스타일(색 채우기 – 녹색, 강조 6)

내 맘대로 동화 이야기

- 옛날 옛적 아기 돼지 삼형제가 살고 있었어요.
- 엄마는 삼형제만 두고 시장에 갔어요.
- 엄마는 삼형제에게 말했어요.
- 엄마가 올 때까지 아무나 문을 열어 주면 안 된다.

그림('아기돼지.png')

▲ 콘텐츠 2개

- 본문 : HY얕은샘물M, 32
- 배경 : '배경2.png'
- '삼형제' : HY얕은샘물M, 46, 파랑

2 조건을 이용해 다음과 같은 슬라이드를 완성해 보세요.

엄마를 기다리는 아기 돼지 삼형제

- 엄마가 나간 후 모르는 사람이 집에 찾아왔어요.
- 문 열어주면 안 잡아먹지
- 문을 걸어 잠근 삼형제가 말했어요.
- 안 열어 주면 못 잡아먹지

- 글꼴(HY엽서M, 48, 노랑, 굵게, 가운데 맞춤)
- 빠른 도형 스타일(색 채우기 – 녹색, 강조 6)

그림('돼지삼형제'.png)

- 본문 : 휴먼모음T, 34, 임의의 글꼴 색
- 배경 : '배경3.png'

01 슬라이드를 편집해 보아요.

작성한 슬라이드의 순서를 바꾸거나 슬라이드를 복사, 삭제할 수 있어요. 함께 슬라이드를 편집하는 방법을 알아보아요.

① 파워포인트 2016을 실행한 후 다음과 같이 [제목 및 내용] 슬라이드를 작성해 봅니다.

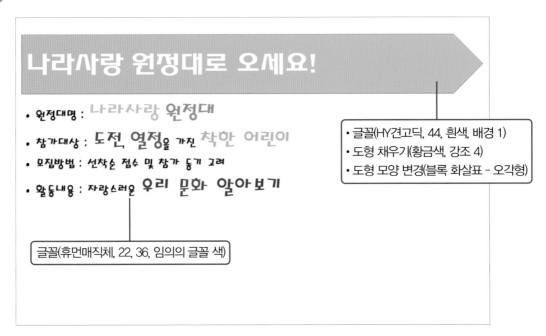

② [제목 슬라이드] 슬라이드를 추가한 후 다음과 같이 입력란에 글자를 입력합니다.

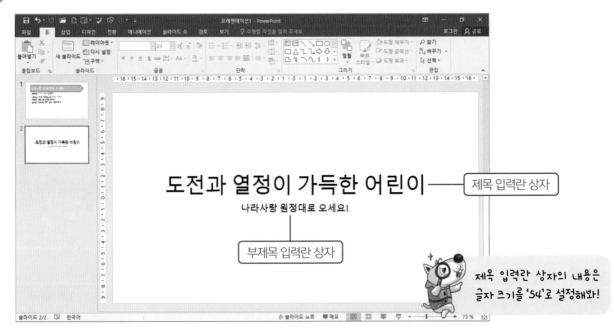

③ 슬라이드 위치를 변경하기 위해 첫 번째 슬라이드를 선택하고 다음과 같이 두 번째 슬라이드 밑으로 드래그합니다.

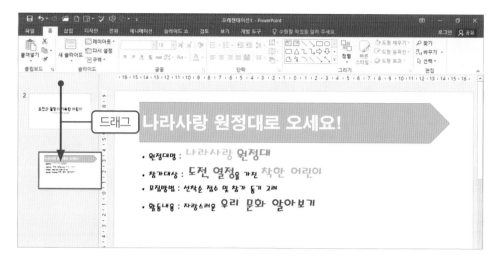

④ 두 번째 슬라이드가 선택된 상태에서 [홈] 탭-[클립보드] 그룹에서 [복사(📋)]를 클릭합니다.

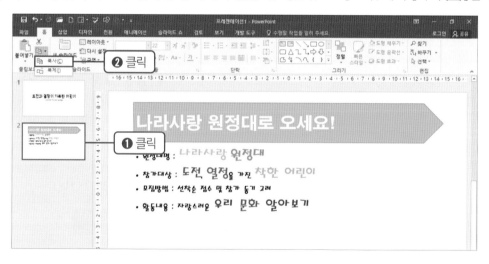

⑤ 복사한 슬라이드를 붙여넣기 위해 [홈] 탭-[클립보드] 그룹에서 [붙여넣기(📋)]를 클릭합니다.

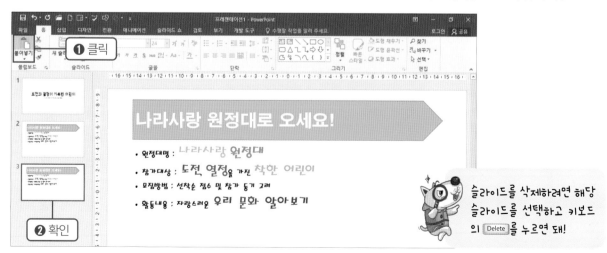

슬라이드를 삭제하려면 해당 슬라이드를 선택하고 키보드의 Delete 를 누르면 돼!

02 여러 슬라이드 보기로 편집해 보아요.

여러 슬라이드 보기를 이용하면 작성한 슬라이드를 한눈에 보면서 작업할 수 있어 매우 편리해요. 여러 슬라이드 보기로 슬라이드를 편집해 보아요.

① 어러 슬라이드를 한번에 보기 위해 [보기] 탭−[프레젠테이션 보기] 그룹에서 [여러 슬라이드]를 선택합니다.

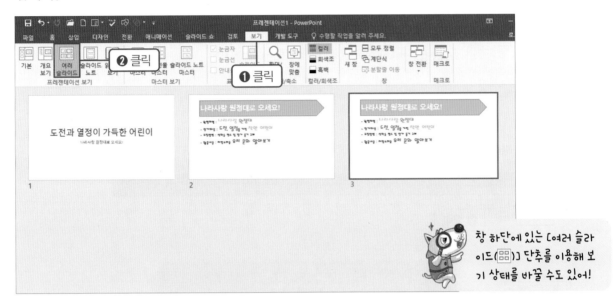

창 하단에 있는 [여러 슬라이드(▦)] 단추를 이용해 보기 상태를 바꿀 수도 있어!

② 슬라이드를 이동하기 위해 〈슬라이드3〉을 선택한 후 다음과 같이 마우스를 드래그합니다.

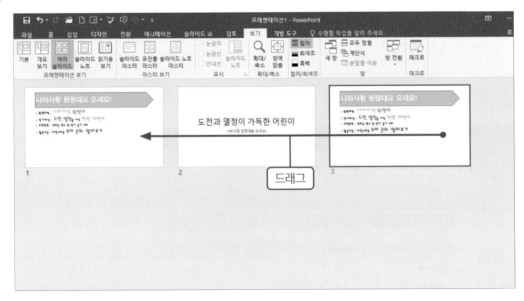

③ 슬라이드를 복사하기 위해 〈슬라이드2〉를 선택한 후 [Ctrl]을 누른 상태로 마우스를 드래그합니다.

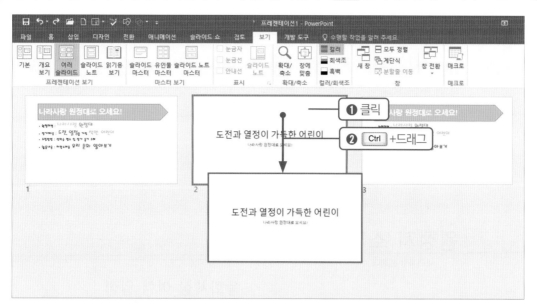

④ 슬라이드가 복사된 것을 확인한 후 [보기] 탭-[프레젠테이션 보기] 그룹에서 [기본]을 클릭합니다.

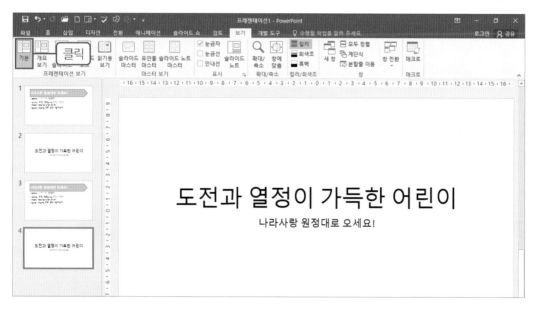

컴속 해결사

복사하기/이동하기/붙여넣기

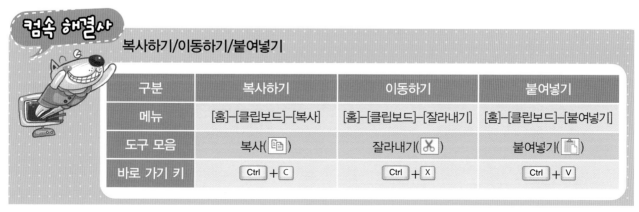

구분	복사하기	이동하기	붙여넣기
메뉴	[홈]-[클립보드]-[복사]	[홈]-[클립보드]-[잘라내기]	[홈]-[클립보드]-[붙여넣기]
도구 모음	복사(📋)	잘라내기(✂)	붙여넣기(📋)
바로 가기 키	Ctrl + C	Ctrl + X	Ctrl + V

쑥쑥! 실력 키우기

1 다음과 같은 슬라이드를 각각 완성해 보세요.

원정지 소개

나라사랑 원정대

▲ 제목 슬라이드

동화세상 여행 일정

- 1월 : 빨간모자 망토 집에 놀러가기
- 2월 : 라푼젤 성 구경가기
- 3월 : 아기 돼지 삼형제 돌봐주기
- 4월 : 잭과 콩나무 심기
- 5월 : 산신령과 호수에서 금도끼 찾기

▲ 제목 및 내용

2 여러 슬라이드 보기를 이용하여 다음과 같이 슬라이드를 완성해 보세요.

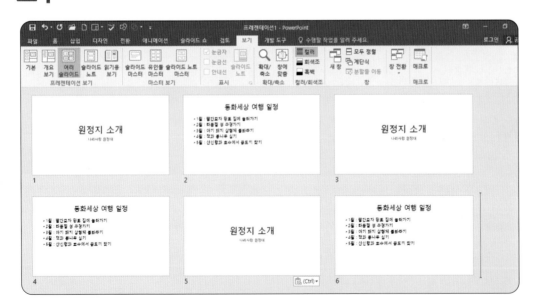

디자인 테마를 변경해 보아요.

미리 만들어 모아 놓은 디자인 서식 파일을 이용하면 쉽게 멋진 슬라이드 배경을 만들 수 있어요. 함께 슬라이드 배경을 꾸며 볼까요?

1 디자인 테마를 적용하기 위해 [디자인] 탭-[테마] 그룹에서 [자세히] 단추를 클릭합니다.

2 디자인 테마 목록이 나타나면 [어린이 테마]를 선택하고 적용된 디자인을 확인해 봅니다.

 슬라이드 디자인을 처음으로 되돌리려면 [Office 테마]를 선택하면 돼!

02 텍스트 상자를 마음대로 조절해 보아요.

모양 조절점을 이용하여 텍스트 상자의 모양과 위치를 조절하거나 줄 간격 기능을 이용하여 글자의 간격을 조절할 수 있어요.

① 다음과 같이 제목 슬라이드를 완성해 봅니다.

글꼴(휴먼모음T, 50)

글꼴(맑은 고딕, 30)

② 텍스트 상자를 선택하고 모양 조절점을 조절하여 텍스트 상자의 위치와 크기를 조절해 봅니다.

 텍스트 상자의 모양 조절점에 마우스를 가져다 대고 마우스 포인터가 ↔, ↕, ⤡, ✛ 모양으로 바뀌면 드래그해봐!

③ [제목 및 내용] 슬라이드를 추가한 후 다음과 같이 슬라이드를 완성해 봅니다.

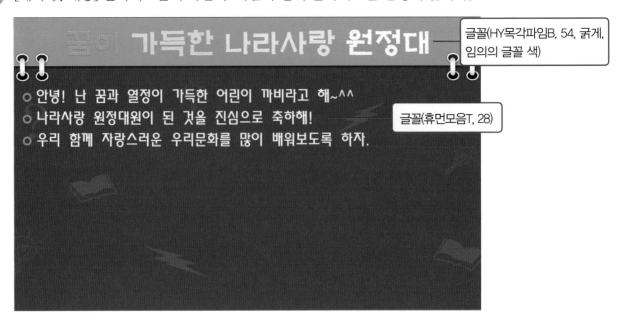

글꼴(HY목각파임B, 54, 굵게, 임의의 글꼴 색)

글꼴(휴먼모음T, 28)

④ 줄 간격을 변경하기 위해 본문 입력란 상자를 선택한 후 [홈] 탭-[단락] 그룹에서 [줄 간격(≡)]을 클릭하고 [2.0]을 선택합니다.

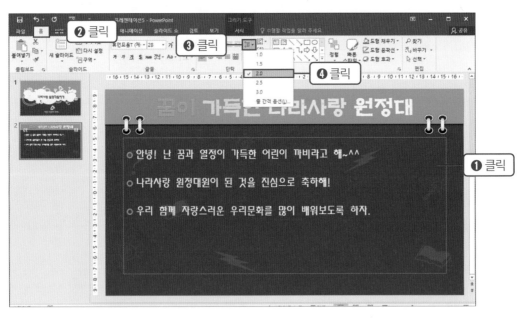

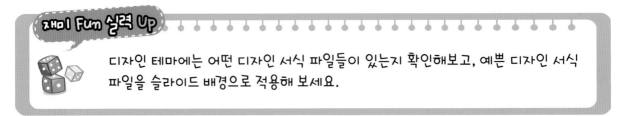

쑥쑥! 실력 키우기

1 [디지털 테마] 테마를 이용하여 다음과 같이 슬라이드를 각각 완성해 보세요.

내 친구 AI로봇 —— 글꼴(맑은 고딕, 60, 굵게, 텍스트 그림자)

친구를 소개해요. —— 글꼴(맑은 고딕, 30)

▲ 제목 슬라이드

AI 로봇을 소개해요. —— 글꼴(휴먼엑스포, 48, 텍스트 그림자)

· 이름 : 똘똘이
· 나이 : 1살
· 키 : 150cm
· 장점 : 모르는 것이 없음.
· 단점 : 매일 따라다님.

· 글꼴(휴먼매직체, 32)
· 줄 간격(1.5)

그림('로봇.png')

▲ 콘텐츠 2개

 Hint 모양 조절점을 이용해 본문 텍스트 상자의 크기와 위치를 변경해 보세요.

텍스트 상자를 꾸며 보아요.

도형 채우기, 도형 효과 등을 이용해 텍스트 상자에 다양한 효과를 지정할 수 있어요. 함께 폼 나는 텍스트 상자를 꾸며 볼까요?

1 [비교] 레이아웃을 적용한 후 다음과 같은 슬라이드를 완성해 봅니다.

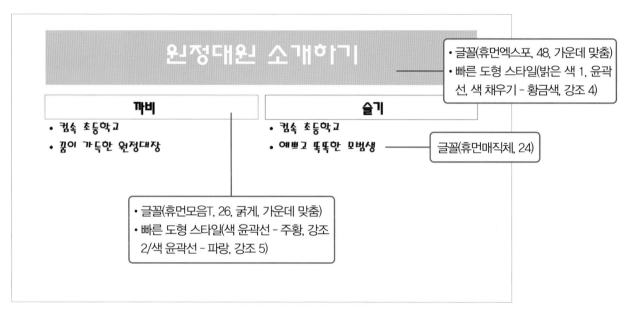

2 도형 모양 변경과 도형 채우기를 이용해 다음과 같은 슬라이드를 완성해 봅니다.

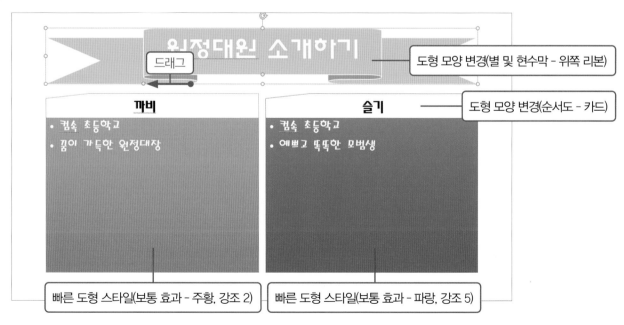

 노란색 모양 조절점(◎)을 이용하면 도형의 모양을 쉽게 변경할 수 있어!

③ '까비' 상자를 선택한 후 [그리기 도구]–[서식] 탭–[도형 스타일] 그룹의 [도형 채우기]–[질감]에서 '오크'를 클릭합니다.

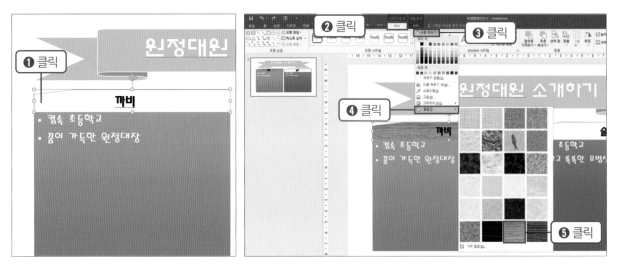

④ 이어서 [그리기 도구]–[서식] 탭–[도형 스타일] 그룹의 [도형 효과]–[입체 효과]에서 '둥글게'를 클릭합니다.

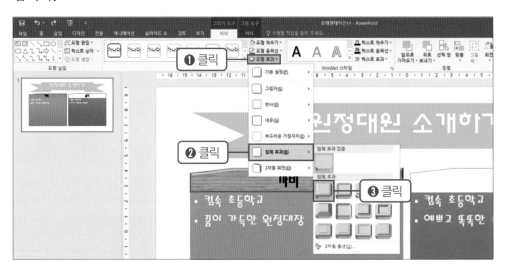

⑤ '슬기' 상자도 위와 같은 방법을 이용해 도형 서식을 지정해 봅니다.

* 도형 채우기(질감 - 작은 물방울)
* 도형 효과(입체 효과 - 볼록하게)

6 본문 상자를 선택한 후 크기 조절점을 이용해 다음과 같이 크기를 조절합니다.

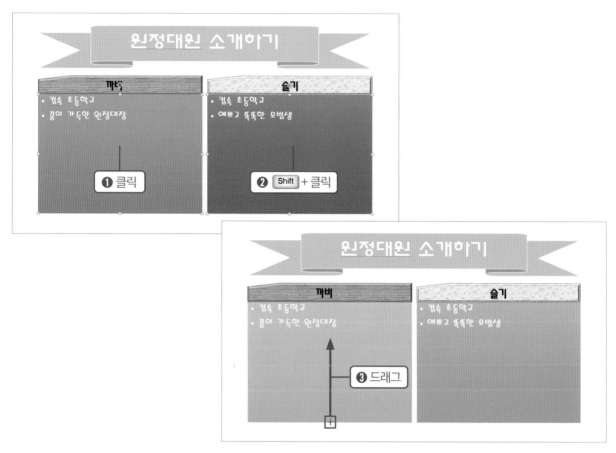

7 마우스를 드래그하여 상자들을 선택한 후 Ctrl + Shift +드래그를 이용해 복사합니다.

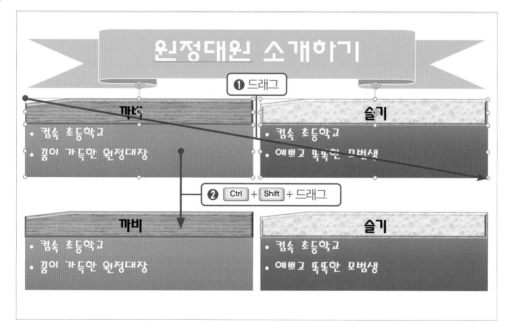

02 글머리 기호로 문서를 꾸며 보아요.

글머리 기호를 사용하면 내용을 요약하거나 다른 문장과 구분할 수 있어요. 글머리 기호를 지정하는 방법을 알아보아요.

① 본문 상자를 선택하고 [홈] 탭-[단락] 그룹에서 [글머리 기호]-[대조표 글머리 기호]를 클릭합니다.

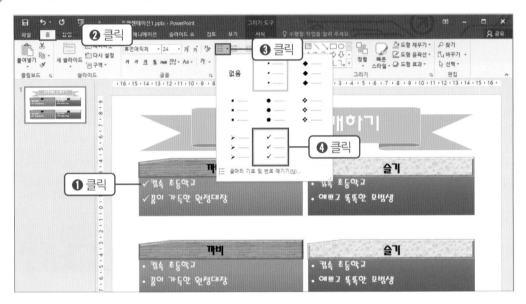

② 내용, 글머리 기호, 크기와 위치 등을 변경하여 다음과 같이 슬라이드를 완성해 봅니다.

쑥쑥! 실력 키우기

1 '동화주인공연결.pptx' 파일을 열고 다음과 같은 슬라이드를 각각 완성해 보세요.

- 글꼴(휴먼매직체, 50)
- 빠른 도형 스타일(색 채우기 - 주황, 강조 2, 윤곽선 없음)
- 도형 모양 변경(기본 도형 - 하트)
- 도형 효과(입체 효과 - 둥글게)

글꼴(휴먼모음T, 30)

▲ 제목 슬라이드

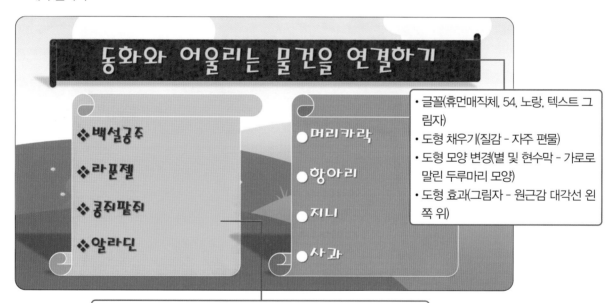

- 글꼴(휴먼매직체, 54, 노랑, 텍스트 그림자)
- 도형 채우기(질감 - 자주 편물)
- 도형 모양 변경(별 및 현수막 - 가로로 말린 두루마리 모양)
- 도형 효과(그림자 - 원근감 대각선 왼쪽 위)

- 글꼴(휴먼매직체, 33, 진한 파랑, 흰색, 배경 1)
- 도형 모양 변경(별 및 현수막 - 세로로 말린 두루마리 모양)
- 빠른 도형 스타일(밝은 색 1 윤곽선, 색 채우기 - 황금색, 강조 4/밝은 색 1 윤곽선, 색 채우기 - 주황, 강조 2)
- 도형 효과(그림자 - 원근감 대각선 왼쪽 위)

도형을 삽입해 보아요.

[도형]에는 사각형, 기본 도형, 블록 화살표, 순서도, 별 및 현수막, 설명선 등이 있어요. 함께 파워포인트 속에 숨어 있는 다양한 도형을 찾아볼까요?

① [빈 화면] 레이아웃을 적용한 후 [삽입] 탭−[일러스트레이션] 그룹에서 [도형]−[기본 도형]−[타원]을 선택합니다.

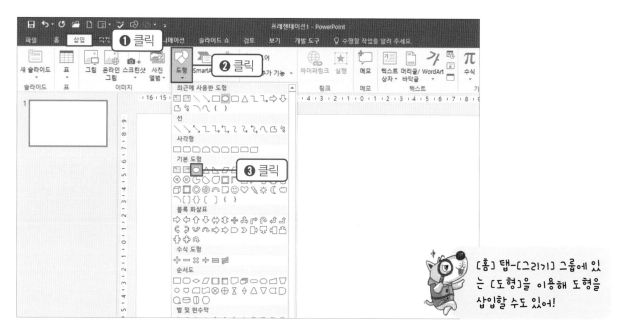

② 마우스를 드래그하여 [타원] 도형을 그린 후 [그리기 도구]−[서식] 탭−[도형 스타일] 그룹에서 [도형 서식] 단추를 클릭합니다.

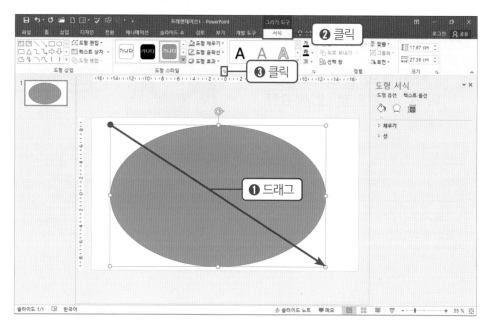

3 [도형 서식] 창이 나타나면 '선 – 실선', '색 – 주황, 강조 2', '너비 – 3 pt', '대시 종류 – 파선'을 지정합니다.

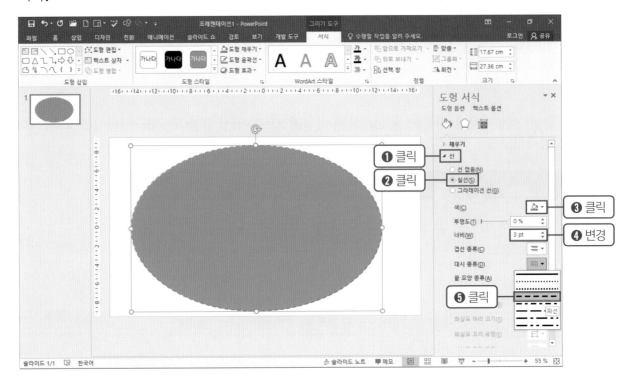

4 이어서 다음과 같은 슬라이드를 완성해 봅니다.

02 숨어 있는 기호를 찾아보아요.

기호 기능을 이용하면 키보드로 입력할 수 없는 여러 특수문자를 쉽게 입력할 수 있답니다. 함께 재미있는 기호를 찾아볼까요?

1 기호를 삽입할 위치에 커서를 위치시킨 후 [삽입] 탭–[기호] 그룹에서 [기호]를 클릭합니다.

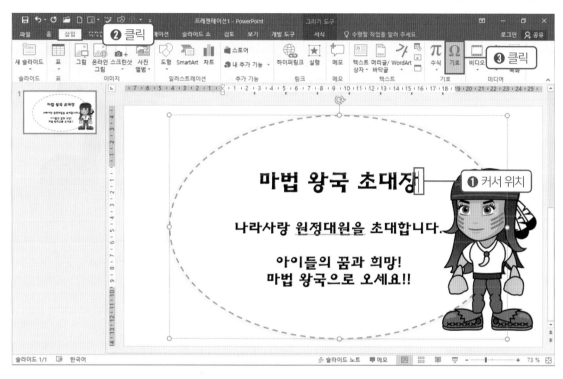

2 [기호] 대화상자가 나타나면 'Wingdings' 글꼴을 찾아 선택하고 원하는 기호를 클릭한 후 [삽입] 단추를 클릭합니다.

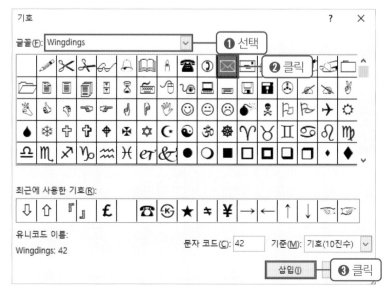

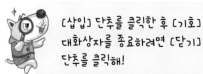

[삽입] 단추를 클릭한 후 [기호] 대화상자를 종료하려면 [닫기] 단추를 클릭해!

3 [기호]를 이용하여 다음과 같은 슬라이드를 완성해 봅니다.

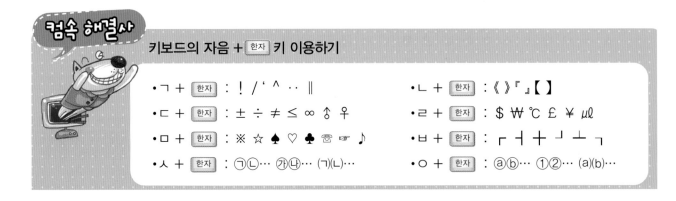

컴속 해결사

키보드의 자음 + 한자 키 이용하기

- ㄱ + 한자 : ! / ' ^ ‥ ∥
- ㄷ + 한자 : ± ÷ ≠ ≤ ∞ ♂ ♀
- ㅁ + 한자 : ※ ☆ ♠ ♡ ♣ ☎ ☞ ♪
- ㅅ + 한자 : ㉠㉡… ㉮㉯… ㈀㈁…

- ㄴ + 한자 : 《 》『 』【 】
- ㄹ + 한자 : $ ₩ ℃ £ ¥ ㎕
- ㅂ + 한자 : ┏ ┤ ┼ ┘ ┴
- ㅇ + 한자 : ⓐⓑ… ①②… ⒜⒝…

쑥쑥! 실력 키우기

1 [빈 화면] 레이아웃을 이용하여 다음과 같은 슬라이드를 작성해 보세요.

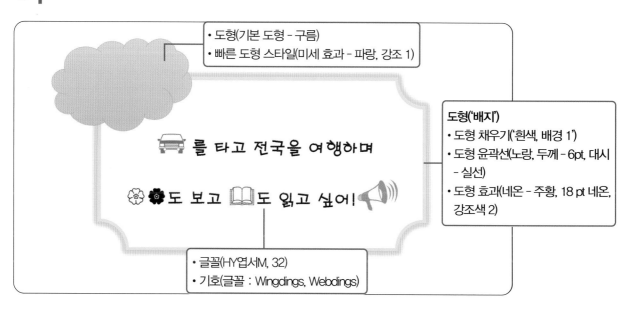

- 도형(기본 도형 - 구름)
- 빠른 도형 스타일(미세 효과 - 파랑, 강조 1)

도형('배지')
- 도형 채우기('흰색, 배경 1')
- 도형 윤곽선(노랑, 두께 - 6pt, 대시 - 실선)
- 도형 효과(네온 - 주황, 18 pt 네온, 강조색 2)

- 글꼴(HY엽서M, 32)
- 기호(글꼴 : Wingdings, Webdings)

2 [빈 화면] 레이아웃을 이용하여 다음과 같은 슬라이드를 작성해 보세요.

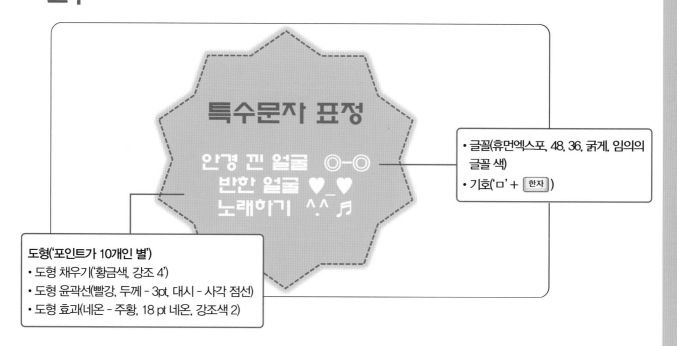

- 글꼴(휴먼엑스포, 48, 36, 굵게, 임의의 글꼴 색)
- 기호('ㅁ' + 한자)

도형('포인트가 10개인 별')
- 도형 채우기('황금색, 강조 4')
- 도형 윤곽선(빨강, 두께 - 3pt, 대시 - 사각 점선)
- 도형 효과(네온 - 주황, 18 pt 네온, 강조색 2)

01 스크린샷으로 화면을 캡처해 보아요.

스크린샷 기능을 이용하면 열려 있는 프로그램을 캡처해 슬라이드로 가져올 수 있어요. 함께 스크린샷 기능을 알아볼까요?

1 '숨겨진 왕국을 찾아라.pptx' 파일을 불러온 후 [비교] 레이아웃을 적용하고 다음과 같은 슬라이드를 완성해 봅니다.

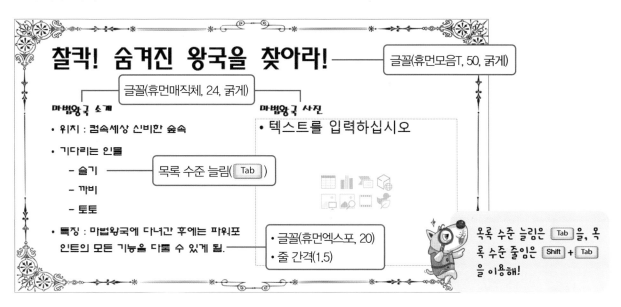

2 다음과 같이 인터넷에서 '아름다운 궁전'을 검색하여 원하는 이미지를 찾아봅니다.

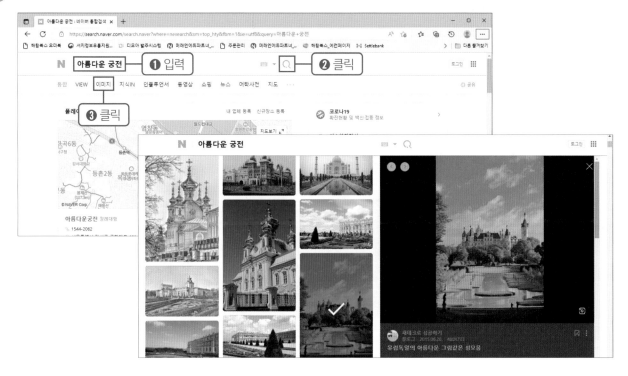

③ 화면을 캡처하기 위해 [삽입] 탭-[이미지] 그룹에서 [스크린샷]-[화면 캡처]를 클릭합니다.

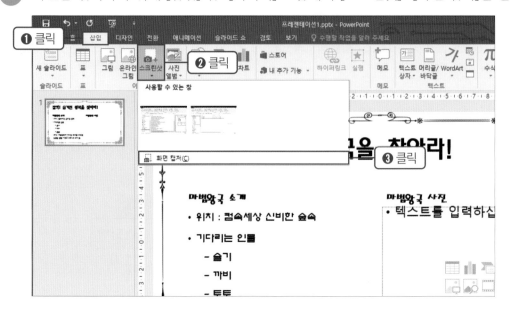

④ 인터넷 창에서 다음과 같이 캡처하고 싶은 부분을 마우스로 드래그합니다.

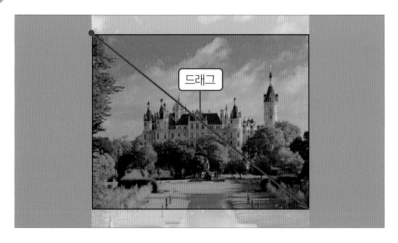

⑤ 다음과 같이 슬라이드에 캡처한 그림이 삽입되면 크기를 조절합니다.

6 그림이 선택된 상태에서 [그림 도구]–[서식] 탭–[그림 스타일] 그룹의 [자세히] 단추를 클릭하여 '반사형 입체, 흰색'을 선택합니다.

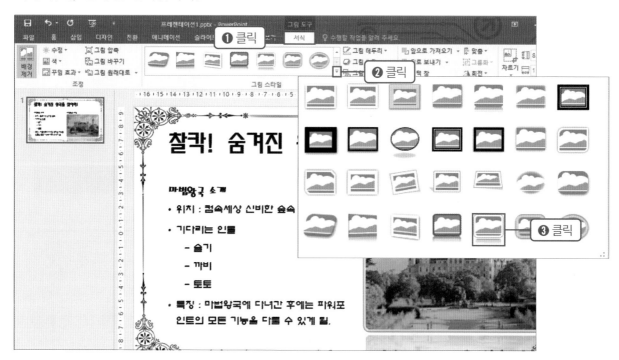

7 그림 스타일이 적용된 것을 확인하고 다음과 같이 슬라이드를 완성해 봅니다.

02 한자를 입력해 보아요.

파워포인트에서도 '한글/한자 변환' 기능을 이용해 쉽게 한자를 입력할 수 있답니다. 함께 한자를 입력하는 방법을 알아볼까요?

1 다음과 같이 "인물" 글자를 블록으로 지정한 후 [검토] 탭–[언어] 그룹에서 [한글/한자 변환]을 클릭합니다.

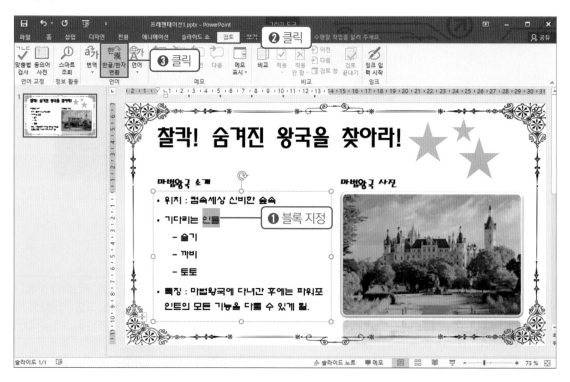

2 [한글/한자 변환] 대화상자가 나타나면 한자와 입력 형태를 지정하고 [변환] 단추를 클릭합니다.

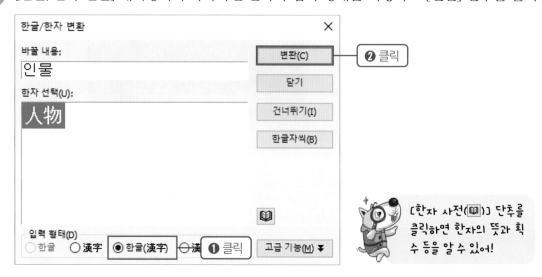

쑥쑥! 실력 키우기

1 스크린샷 기능을 이용하여 다음과 같은 슬라이드를 작성해 보세요.
· 네이버 검색 : '할로윈' 검색한 후 원하는 이미지 캡처

해피 할로윈(HALLOWEEN) 페스티벌 ── 글꼴(HY산B, 45, 굵게, 텍스트 그림자)

· 기간 : 10월 3일~10월 31일
· 장소 : 해람월드
· 요금 : 무료 ── 글꼴(HY엽서M, 24, 굵게, 텍스트 그림자)
· 준비물
   · 호박 가면
   · 드라큘라 망토
   · 물과 간식

슬라이드
· 레이아웃 : '콘텐츠 2개'
· 디자인 테마 : '다마스크'

그림 스타일(입체 직사각형)

2 한자 변환 기능을 이용하여 다음과 같은 슬라이드를 작성해 보세요.
· 서울특별시(https://www.seoul.go.kr/) 사이트

서울의 상징 (象徵) ── 글꼴(HY목각파임B, 54, 굵게)

브랜드   캐릭터 (해치) ── 글꼴(HY목각파임B, 28, 굵게)

I·SEOUL·U
너와 나의 서울

슬라이드
· 레이아웃 : '비교'
· 디자인 테마 : '자연 테마'

01 슬라이드에 그림을 삽입해 보아요.

컴퓨터에 있는 예쁜 그림을 슬라이드에 삽입하고 싶다고요? 그림 삽입 기능을 이용해 슬라이드에 그림을 넣는 방법을 알아보아요.

① [빈 화면] 레이아웃을 적용한 후 슬라이드에 그림을 삽입하기 위해 [삽입] 탭-[이미지] 그룹-[그림]을 선택합니다.

② [그림 삽입] 대화상자가 나타나면 '보물지도.png'를 선택한 후 [삽입] 단추를 클릭하고 크기와 위치를 조절합니다.

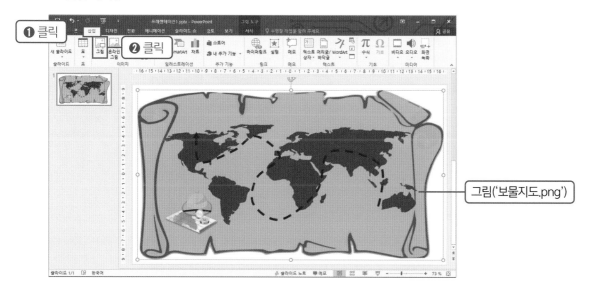

③ 미로에 이미지를 추가하기 위해 [삽입] 탭-[이미지] 그룹-[그림]을 선택한 후 [그림 삽입] 대화상자가 나타나면 '마법왕국.png'를 선택한 후 [삽입] 단추를 클릭합니다.

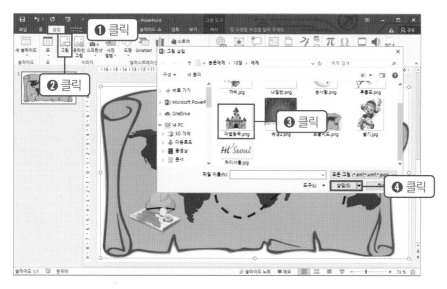

02 그림 조정 및 크기를 변경해 보아요.

그림을 투명한 색으로 변경하거나 가로와 세로의 비율이 다른 그림을 지정할 수 있어요. 그림 조정 및 크기 변경에 대해 알아볼까요?

1 '마법왕국.png' 그림이 선택된 상태에서 [그림 도구]-[서식] 탭-[조정] 그룹에서 [색]-[투명한 색 설정]을 클릭합니다.

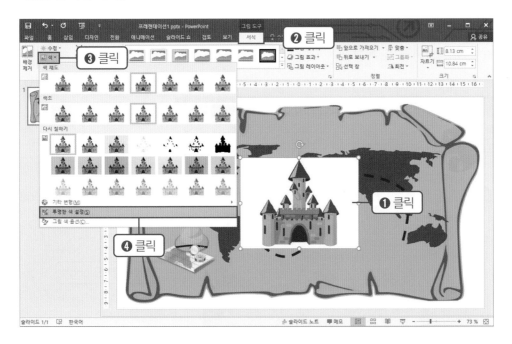

2 마우스 포인터의 모양이 변하면 다음과 같이 삽입된 그림의 흰색 부분을 마우스로 클릭합니다.

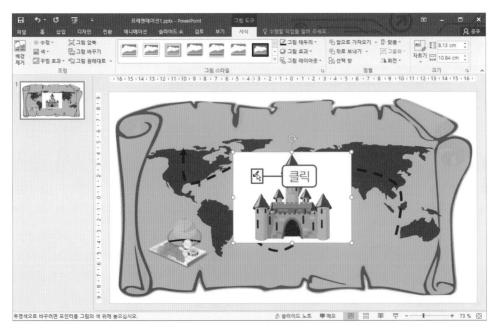

③ 이어서 [그림 도구]—[서식] 탭—[크기] 그룹에서 [크기 및 위치] 단추를 클릭합니다.

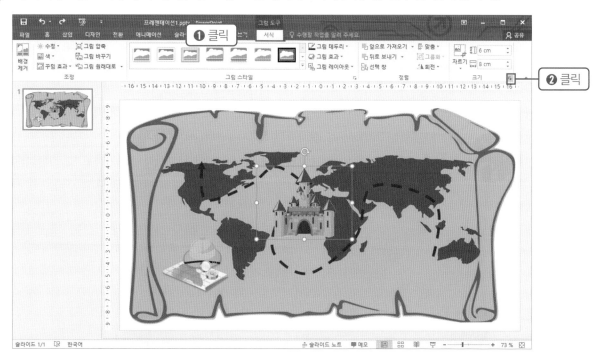

④ [그림 서식] 창이 나타나면 [크기] 그룹에서 '가로 세로 비율 고정'을 클릭하여 체크 표시를 해제하고, 높이 '4cm'와 너비 '6cm'를 지정합니다. 이어서 그림의 위치를 다음과 같이 적절히 이동시켜 봅니다.

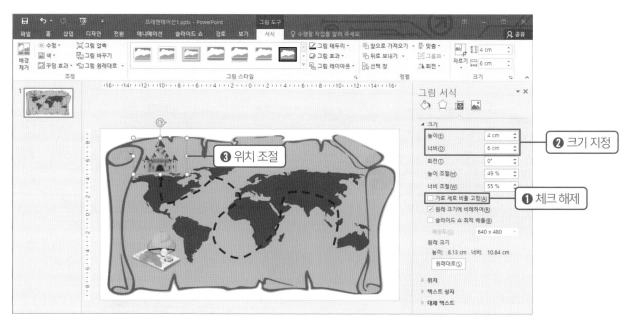

 그림이 선택된 상태에서 마우스 오른쪽 단추를 클릭해서 [크기 및 위치]를 선택할 수도 있어!

5 글자를 입력하기 위해 [삽입] 탭-[텍스트] 그룹에서 [텍스트 상자]를 선택한 후 다음과 같이 텍스트 상자를 이용해 글자를 완성해 봅니다.

 [홈] 탭-[그리기] 그룹의 [도형]에서 [텍스트 상자]를 삽입할 수도 있어!

6 그림 및 도형을 삽입하여 다음과 같은 슬라이드를 완성해 봅니다.

1 [빈 화면] 레이아웃을 이용하여 다음과 같은 슬라이드를 작성해 보세요.

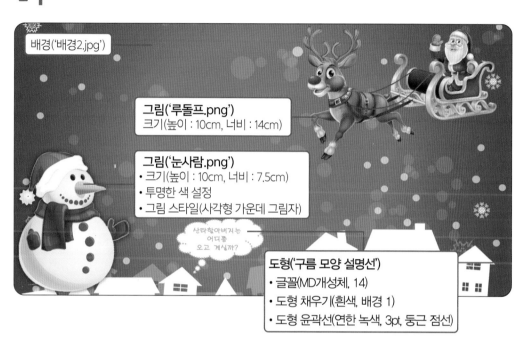

배경('배경2.jpg')

그림('루돌프.png')
크기(높이 : 10cm, 너비 : 14cm)

그림('눈사람.png')
• 크기(높이 : 10cm, 너비 : 7.5cm)
• 투명한 색 설정
• 그림 스타일(사각형 가운데 그림자)

산타할아버지는
어디쯤
오고 계실까?

도형('구름 모양 설명선')
• 글꼴(MD개성체, 14)
• 도형 채우기(흰색, 배경 1)
• 도형 윤곽선(연한 녹색, 3pt, 둥근 점선)

2 [빈 화면] 레이아웃과 [자연 테마]를 이용하여 다음과 같은 슬라이드를 작성해 보세요.

그림('하이서울.jpg')
• 크기(높이 : 6cm, 너비 : 10.5cm)
• 투명한 색 설정

서울의 슬로건

글꼴(HY산B, 48, 26, 임의의 글꼴 색)

Hi는 전세계 사람들이 가장 많이 쓰는 인사말로,
밝고 친근한 서울과 다양하고 활기찬 매력 표현

한국을 대표하는 삼태극의 **청, 적, 황** 색을
사용하여 강한 주목성과 임팩트를 시각적으로 표현

 글자 입력 : [도형]에서 [텍스트 상자]를 활용해 보세요.

01 워드아트로 글자를 만들어 보아요.

화려하고 예쁜 글자를 만들고 싶다고요? 워드아트를 이용해 보세요. 멋지고 예쁜 나만의 글자를 만들 수 있답니다.

1 [빈 화면] 레이아웃과 [자연주의] 테마를 적용해 봅니다.

2 [삽입] 탭–[텍스트] 그룹에서 [WordArt]–[채우기 – 청록, 강조 2, 윤곽선 – 강조 2]를 선택합니다.

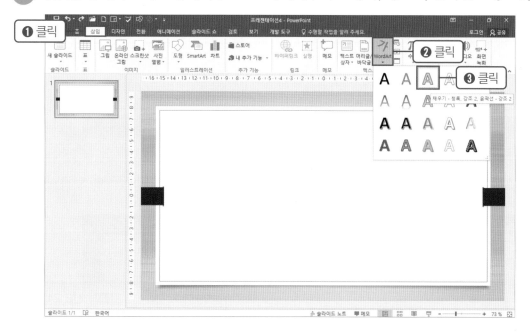

3 다음과 같이 슬라이드에 워드아트가 삽입된 것을 확인해 봅니다.

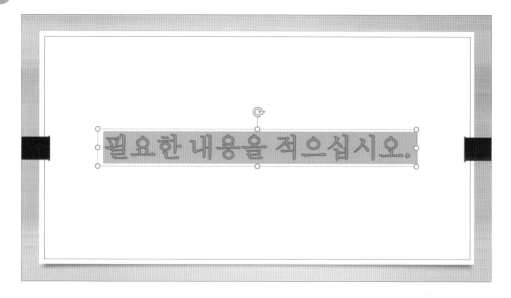

④ 텍스트 상자에 내용을 입력하고 글꼴 서식을 지정한 후 워드아트의 위치를 다음과 같이 조절합니다.

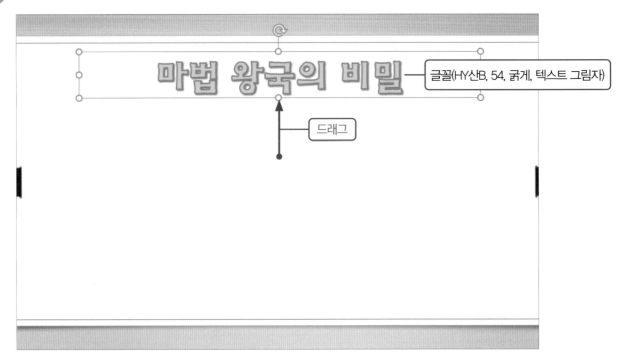

⑤ 그림과 도형을 이용하여 다음과 같은 슬라이드를 완성해 봅니다.

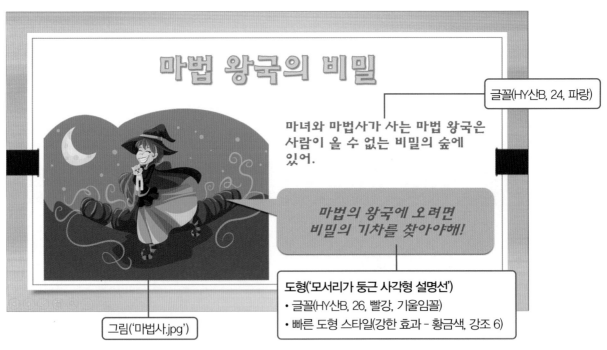

02 워드아트를 꾸며 보아요.

[WordArt 스타일]을 이용하면 워드아트 모양을 다양하고 멋있게 꾸밀 수 있어요. 함께 워드아트를 꾸미는 방법을 알아볼까요?

❶ 워드아트를 선택한 후 [그리기 도구]−[서식] 탭−[WordArt 스타일] 그룹에서 [텍스트 효과]−[변환]−[팽창]을 선택합니다.

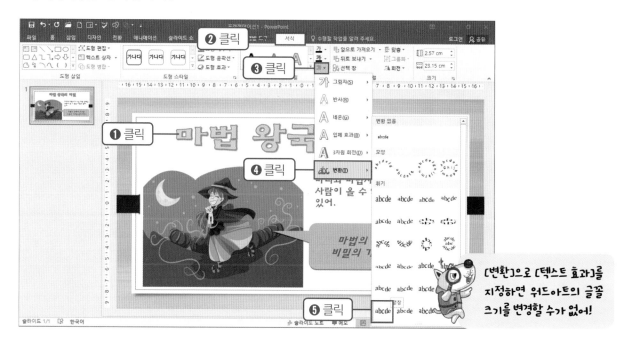

❷ 모양 조절점을 이용하여 워드아트의 모양과 위치를 조절해 봅니다.

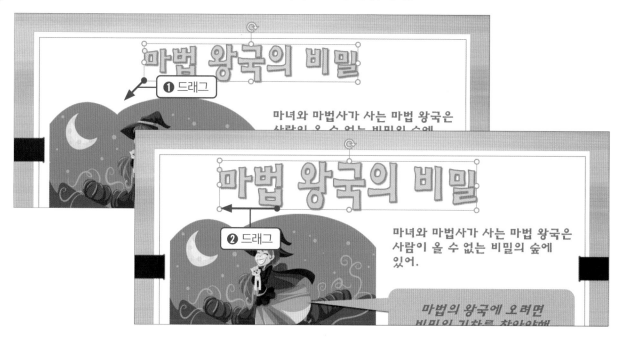

❸ [그리기 도구]-[서식] 탭-[WordArt 스타일] 그룹에서 [텍스트 효과]-[반사]-[근접 반사, 터치]를 선택합니다.

❹ 다음과 같이 슬라이드가 완성된 것을 확인해 봅니다.

컴속 해결사

WordArt 서식 지우기

[그리기 도구]-[서식] 탭-[WordArt 스타일] 그룹에서 [자세히] 단추를 클릭하여 [WordArt 서식 지우기]를 선택하세요.

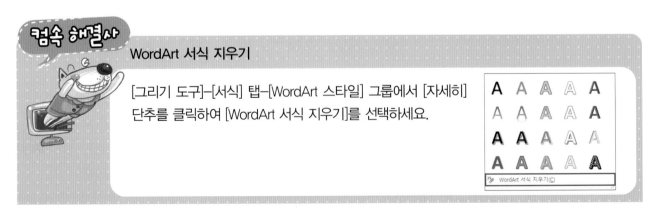

쑥쑥! 실력 키우기

1 [빈 화면] 레이아웃을 이용하여 다음과 같은 슬라이드를 작성해 보세요.

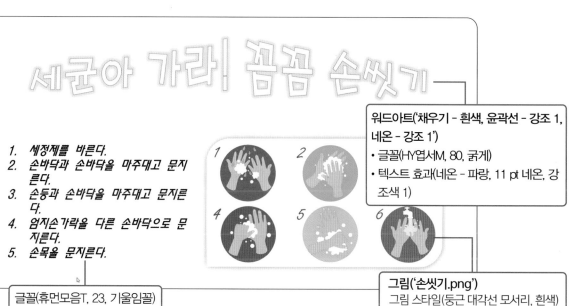

워드아트('채우기 - 흰색, 윤곽선 - 강조 1, 네온 - 강조 1')
- 글꼴(HY엽서M, 80, 굵게)
- 텍스트 효과(네온 - 파랑, 11 pt 네온, 강조색 1)

1. 세정제를 바른다.
2. 손바닥과 손바닥을 마주대고 문지른다.
3. 손등과 손바닥을 마주대고 문지른다.
4. 엄지손가락을 다른 손바닥으로 문지른다.
5. 손목을 문지른다.

글꼴(휴먼모음T, 23, 기울임꼴)

그림('손씻기.png')
그림 스타일(둥근 대각선 모서리, 흰색)

2 [빈 화면] 레이아웃을 이용하여 다음과 같은 슬라이드를 작성해 보세요.

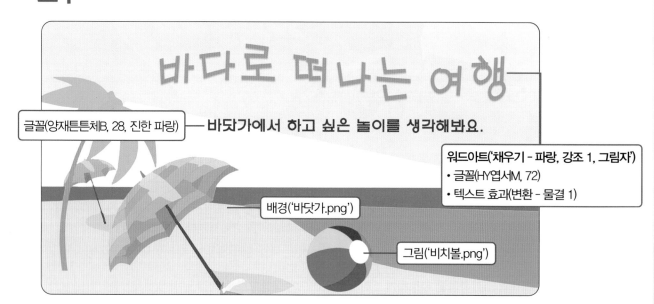

글꼴(양재튼튼체B, 28, 진한 파랑)

워드아트('채우기 - 파랑, 강조 1, 그림자')
- 글꼴(HY엽서M, 72)
- 텍스트 효과(변환 - 물결 1)

배경('바닷가.png')

그림('비치볼.png')

01 슬라이드 크기를 변경해 보아요.

페이지 설정 기능을 이용하면 슬라이드 크기와 방향을 원하는 대로 조절할 수 있어요. 함께 슬라이드 크기를 변경해 볼까요?

1 [디자인] 탭-[사용자 지정] 그룹-[슬라이드 크기]-[사용자 지정 슬라이드 크기]를 클릭하고, [슬라이드 크기] 대화상자가 나타나면 슬라이드 크기를 'A4용지(210×297mm)'로 선택한 후 [확인] 단추를 클릭합니다. 이어서 [맞춤 확인]을 클릭하여 슬라이드의 크기가 변경된 모습을 확인해 봅니다.

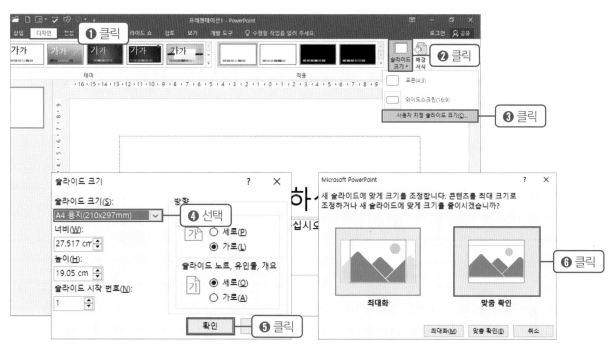

2 [제목 슬라이드] 레이아웃의 제목/부제목 입력란 상자는 Delete 를 이용해 제거하고 다음과 같이 슬라이드를 완성해 봅니다.

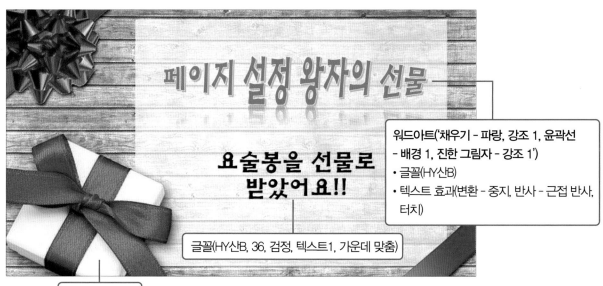

워드아트('채우기 - 파랑, 강조 1, 윤곽선 - 배경 1, 진한 그림자 - 강조 1')
• 글꼴(HY산B)
• 텍스트 효과(변환 - 중지, 반사 - 근접 반사, 터치)

글꼴(HY산B, 36, 검정, 텍스트1, 가운데 맞춤)

배경('배경.jpg')

머리글/바닥글을 지정해 보아요.

여러 슬라이드에 공통으로 들어갈 날짜 및 시간, 슬라이드 번호, 바닥글 등을 지정하고 싶을 경우에는 머리글/ 바닥글 기능을 이용해 보세요!

1 머리글/바닥글을 지정하기 위해 [삽입] 탭−[텍스트] 그룹−[머리글/바닥글]을 선택합니다.

2 [머리글/바닥글] 대화상자가 나타나면 바닥글을 입력한 후, '슬라이드 번호'와 '제목 슬라이드에는 표 시 안 함'을 체크하고 [모두 적용] 단추를 클릭합니다.

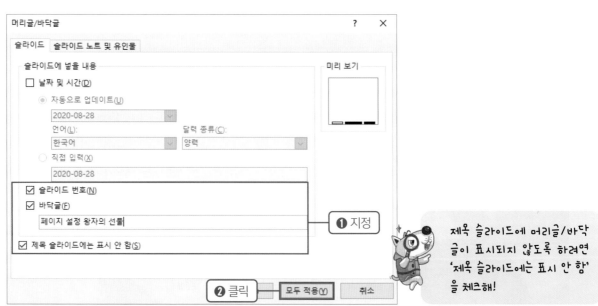

제목 슬라이드에 머리글/바닥 글이 표시되지 않도록 하려면 '제목 슬라이드에는 표시 안 함' 을 체크해!

03 그림 자르기에 대해 알아보아요.

자르기 도구를 사용하면 그림에서 원치 않는 부분을 효율적으로 제거하고 원하는 부분만으로 그림을 표현하여 문서를 꾸밀 수 있어요.

1 [빈 화면] 레이아웃을 추가한 후 [삽입] 탭-[이미지] 그룹-[그림]을 선택하여 '캐릭터.jpg' 파일을 삽입합니다.

2 [그림 도구]-[서식] 탭-[크기] 그룹에서 [자르기]를 선택합니다.

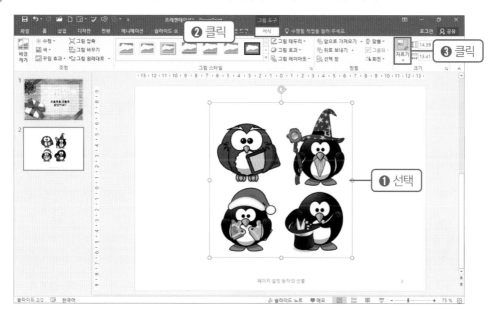

3 마우스를 드래그하여 그림과 같이 자를 영역을 설정합니다.

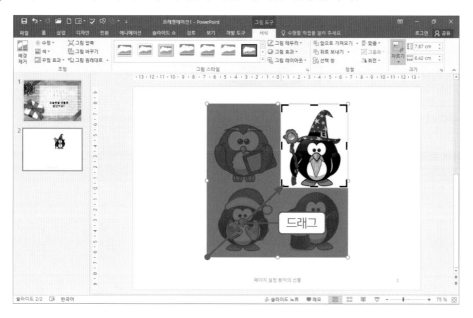

④ 개체가 없는 빈 곳을 클릭하거나 [Esc]를 눌러 자르기 상태를 해제합니다.

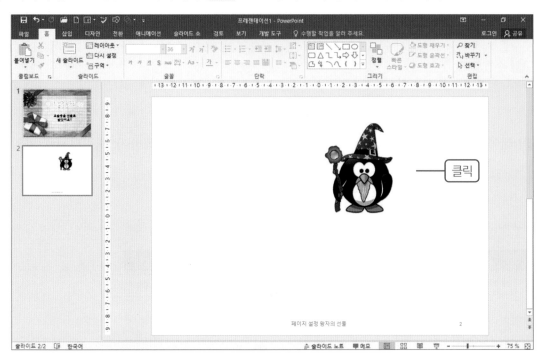

⑤ 도형과 워드아트를 추가하여 다음과 같은 슬라이드를 완성해 봅니다.

워드아트('채우기 - 황금색, 강조 4, 부드러운 입체, 텍스트 윤곽선 - 주황, 강조 2, 두께 - 3pt')
• 글꼴(맑은 고딕, 굵게, 텍스트 그림자)
• 텍스트 효과(변환 - 휘어 내려가기, 반사 - 1/2 반사, 터치)

도형('세로로 말린 두루마리 모양')
• 글꼴(HY신B, 24)
• 빠른 도형 스타일(미세 효과 - 황금색, 강조 4)

쑥쑥! 실력 키우기

1 조건을 이용하여 다음과 같은 슬라이드를 각각 완성해 보세요.
· 슬라이드 크기 : A4용지(210×297mm)
· 슬라이드 번호와 바닥글 작성(슬라이드 1에는 생략)

워드아트('채우기 - 주황, 강조 2, 윤곽선 - 강조 2')
· 글꼴(휴먼엑스포, 60, 굵게)
· 텍스트 효과(변환 - 수축, 반사 - 전체 반사, 터치)

그림('음식.png') 자르기

▲ 제목 슬라이드

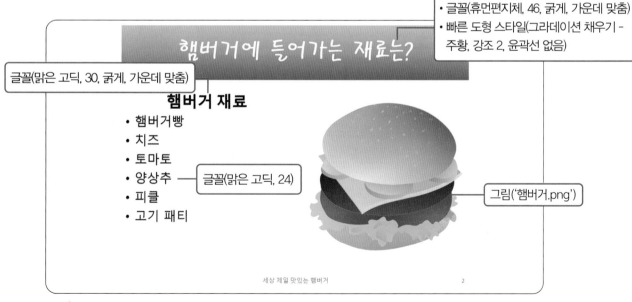

· 글꼴(휴먼편지체, 46, 굵게, 가운데 맞춤)
· 빠른 도형 스타일(그라데이션 채우기 - 주황, 강조 2, 윤곽선 없음)

글꼴(맑은 고딕, 30, 굵게, 가운데 맞춤)

햄버거 재료

· 햄버거빵
· 치즈
· 토마토
· 양상추
· 피클
· 고기 패티

글꼴(맑은 고딕, 24)

그림('햄버거.png')

세상 제일 맛있는 햄버거   2

▲ 비교

01 도형을 마음대로 변경해 보아요.

점 편집 기능을 이용하면 기존 도형을 내 마음대로 변경할 수 있어요. 그럼 지금부터 점 편집 기능을 이용하여 나만의 도형을 만들어 볼까요?

1 [빈 화면] 레이아웃을 적용한 후 [삽입] 탭–[일러스트레이션] 그룹에서 [도형]–[구름]을 이용해 도형을 작성합니다.

2 '회전 조절점(⟳)'을 드래그하여 다음과 같이 도형을 회전시킵니다.

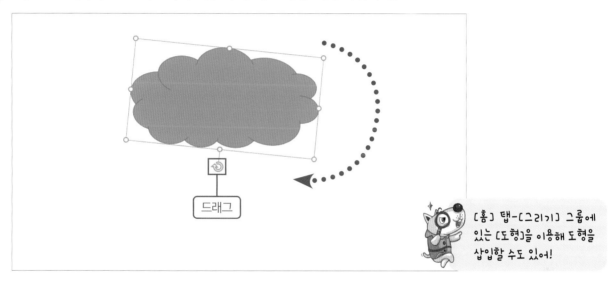

[홈] 탭–[그리기] 그룹에 있는 [도형]을 이용해 도형을 삽입할 수도 있어!

3 도형이 선택된 상태에서 [그리기 도구]–[서식] 탭–[도형 삽입] 그룹의 [도형 편집]–[점 편집]을 선택합니다.

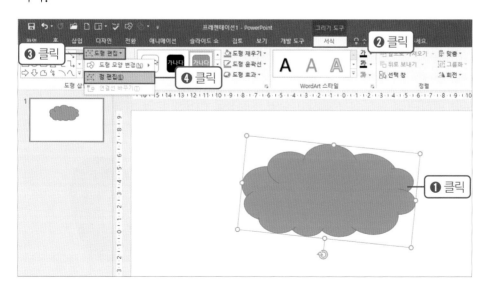

④ 검정색 모양 조절점을 드래그하여 다음과 같이 도형의 모양을 변경합니다.

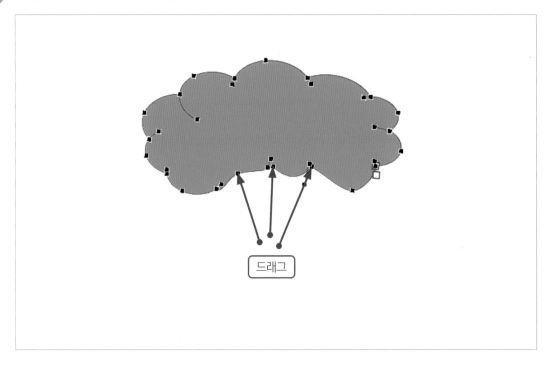

⑤ 개체가 없는 빈 곳을 클릭하거나 [Esc]를 눌러 점 편집 상태를 해제합니다.

컴속 해결사

다른 도형 점 편집하기

❶ 도형('하트') 삽입 후 '회전 조절점(◉)'을 이용해 도형 회전

❷ [도형 편집]-[점 편집]을 선택하고 모양 조절점을 이용해 모양 변경

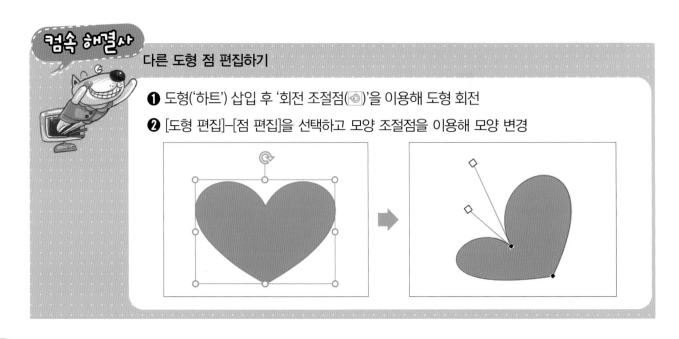

02 도형으로 그림을 그려 보아요.

파워포인트에서 제공하는 여러 도형을 결합하고 도형 서식 등을 변경하면 다양한 그림을 만들 수도 있어요.
함께 나만의 예쁜 그림을 만들어 보아요.

1 [타원] 도형을 이용하여 다음과 같이 얼굴 도형을 작성한 후 도형을 뒤로 보냅니다.

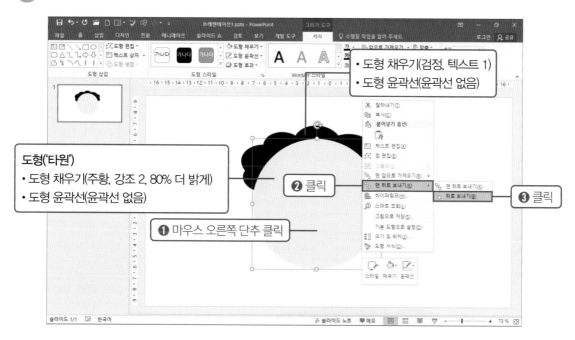

도형('타원')
• 도형 채우기(주황, 강조 2, 80% 더 밝게)
• 도형 윤곽선(윤곽선 없음)

• 도형 채우기(검정, 텍스트 1)
• 도형 윤곽선(윤곽선 없음)

❷ 클릭

❸ 클릭

❶ 마우스 오른쪽 단추 클릭

2 [타원] 도형을 이용하여 다음과 같이 눈 도형 등을 작성해 봅니다.

도형('타원')
• 도형 채우기(검정, 텍스트 1)
• 도형 윤곽선(윤곽선 없음)

도형('타원')
• 도형 채우기(주황, 강조 2, 80% 더 밝게)
• 도형 윤곽선(윤곽선 없음)

도형('타원')
• 도형 채우기(흰색, 배경 1)
• 도형 윤곽선(윤곽선 없음)

도형('타원')
• 도형 채우기(주황, 강조 2)
• 도형 윤곽선(윤곽선 없음)

3 [이등변 삼각형]과 [지연] 도형을 이용하여 다음과 같이 옆머리와 입 모양을 작성해 봅니다.

도형('이등변 삼각형')
• 도형 채우기(검정, 텍스트 1)
• 도형 윤곽선(윤곽선 없음)

도형('지연')
• 도형 채우기(빨강)
• 도형 윤곽선(윤곽선 없음)

4 도형과 그림, 워드아트를 이용하여 다음과 같은 슬라이드를 완성해 봅니다.

글꼴(문체부 훈민정음체, 48, 굵게, 텍스트 그림자)

그림('까비.jpg', '슬기.jpg')

잉크로 그림을 그려 보아요.

도형을 이용하여 그림을 만들었다면, 잉크 기능을 이용하면 원하는 대로 그림을 그릴 수 있어요. 함께 원정대 마스코트를 완성해 볼까요?

1 [검토] 탭-[잉크] 그룹의 [잉크 입력 시작]을 선택합니다.

2 [쓰기] 그룹의 [펜]을 선택하여 원정대 마스코트의 머리카락을 그려봅니다.

1| [빈 화면] 레이아웃을 이용하여 다음과 같은 도형을 작성해 보세요.

'하트', '막힌 원호' 도형 이용

2| [빈 화면] 레이아웃을 이용하여 다음과 같은 도형을 작성해 보세요.

펭귄/토끼 : '타원', '곡선'
도형 이용

Hint 도형 채우기, 도형 윤곽선 등은 임의로 예쁘게 지정해 보세요.

01 도형에 그림을 삽입해 보아요.

[도형 채우기]-[그림]을 이용하거나 [도형 서식] 대화상자를 이용하면 쉽게 도형 안에 그림을 삽입할 수 있어요.
그럼 도형에 그림을 삽입해 볼까요?

① [빈 화면] 레이아웃을 적용한 후 슬라이드 배경으로 '14장배경.jpg' 파일을 지정합니다.

② [위쪽 리본] 도형을 이용하여 다음과 같은 슬라이드를 완성해 봅니다.

도형('위쪽 리본')
글꼴(HY목각파임B, 28, 검정,
텍스트 1)

③ 첫 번째 도형을 선택하고 [그리기 도구]-[서식] 탭-[도형 스타일] 그룹에서 [도형 채우기]-[그림]을 클릭한 후 [그림 삽입] 창이 나타나면 [파일에서]를 클릭합니다.

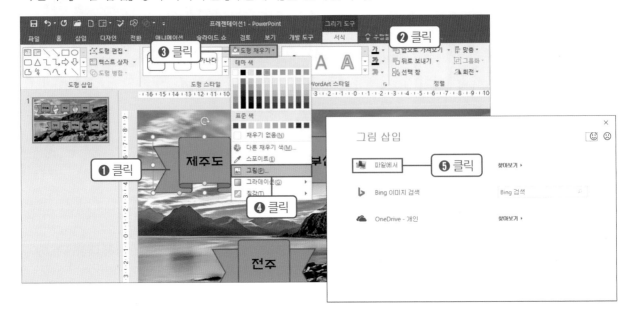

④ [그림 삽입] 대화상자가 나타나면 '바다2.jpg' 파일을 찾아 선택하고 [삽입] 단추를 클릭합니다.

⑤ 위와 같은 방법으로 그림을 삽입하여 다음과 같은 슬라이드를 완성해 봅니다.

 도형의 위치를 좀 더 세밀하게 조절하고 싶다면 Ctrl + ←, →, ↑, ↓를 이용해 봐!

02 # 도형을 대칭 또는 회전시켜 보아요.

도형을 대칭 또는 회전시키면 다양한 모양으로 변경할 수 있겠지요. 이번에는 도형을 대칭 또는 회전시키는 방법을 알아보아요.

① 다음과 같이 상하 내칭을 변경할 도형을 드래그하여 선택한 후 [그리기 도구]-[서식] 탭-[정렬] 그룹에서 [회전]-[상하 대칭]을 선택합니다.

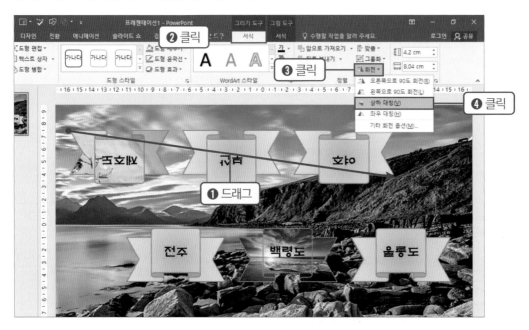

② 도형 안의 그림은 회전하지 않도록 하기 위해 '제주도' 도형을 선택한 후 마우스 오른쪽 단추를 클릭하고 [그림 서식]을 클릭하여 [그림 서식] 창이 나타나면 [채우기 및 선]을 선택합니다.

③ [그림 서식] 대화상자의 [채우기]에서 [도형과 함께 회전]을 클릭하여 체크 표시를 해제합니다.

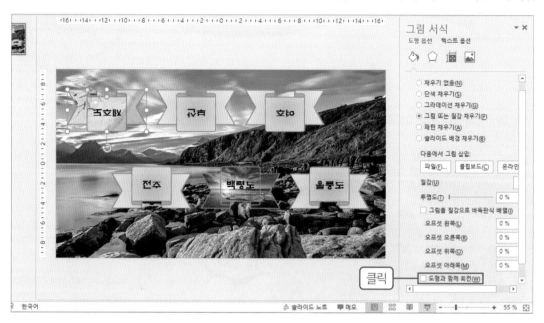

④ 도형이 회전할 때 글자는 회전하지 않도록 하기 위해 '제주도, 부산, 여주' 도형을 선택하고 [그림 서식] 대화상자의 [효과]에서 [3차원 회전]을 클릭한 후 'Z 회전'에 '180'을 입력합니다.

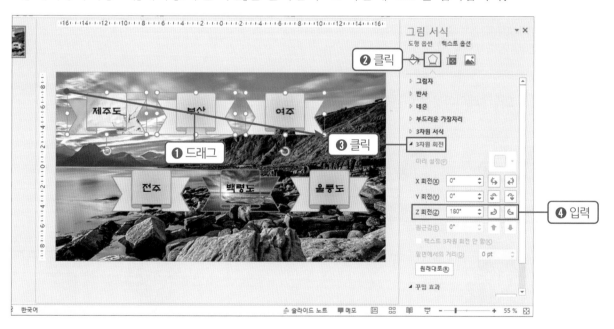

쑥쑥! 실력 키우기

1 [빈 화면] 레이아웃을 이용하여 다음과 같은 도형을 작성해 보세요.

그림 삽입('고양이1~9.jpg')

2 [빈 화면] 레이아웃을 이용하여 다음과 같은 도형('오각형')을 작성해 보세요.

그림 삽입('동물.jpg')

Hint 글꼴과 도형 채우기, 도형 윤곽선 등은 임의로 예쁘게 지정해 보세요.

도형 간격을 맞춰 보아요.

도형의 맞춤 기능을 이용하면 여러 도형들을 보기 좋게 상하좌우로 맞추거나 간격을 일정하게 지정할 수 있어요.
함께 도형 간격을 맞추는 방법을 알아보아요.

① [빈 화면] 레이아웃을 적용한 후 [모서리가 둥근 직사각형] 도형을 이용하여 다음과 같이 도형을 작성합니다.

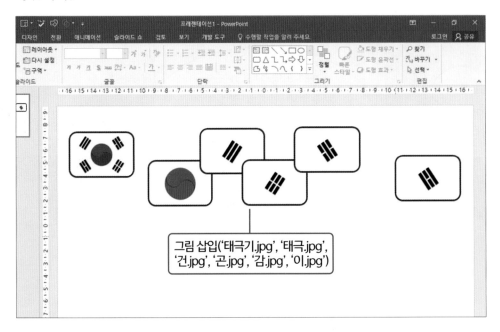

② 마우스를 드래그하여 도형 전체를 선택하고 [그리기 도구]-[서식] 탭-[정렬] 그룹에서 [맞춤]-[중간 맞춤]을 선택합니다.

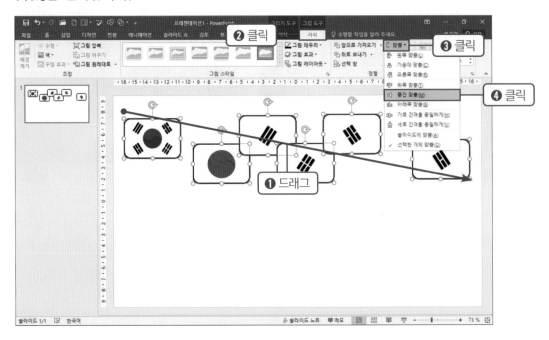

3 도형의 간격을 일정하게 하기 위해 [그리기 도구]–[서식] 탭–[정렬] 그룹에서 [맞춤]–[가로 간격을 동일하게]를 선택합니다.

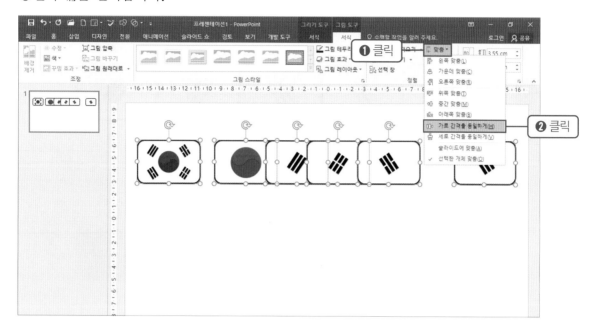

4 위와 같은 방법으로 도형을 삽입하여 다음과 같은 슬라이드를 완성해 봅니다.

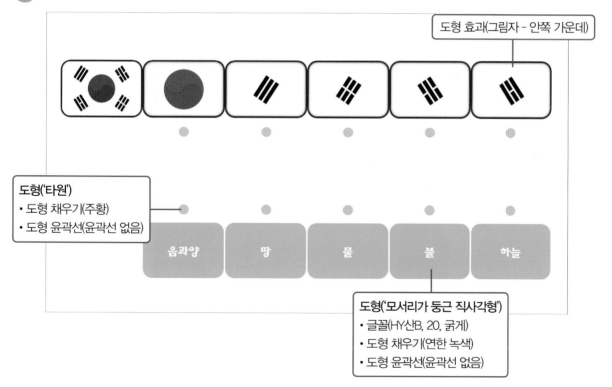

5 [구부러진 화살표 연결선]을 이용하여 다음과 같이 연결선을 완성해 봅니다.

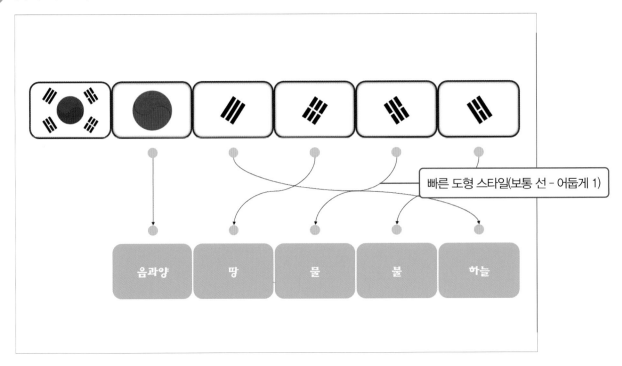

6 [도넛] 도형을 다음과 같이 슬라이드에 작성한 후 [그리기 도구]-[서식] 탭-[정렬] 그룹에서 [뒤로 보내기]-[맨 뒤로 보내기]를 선택합니다.

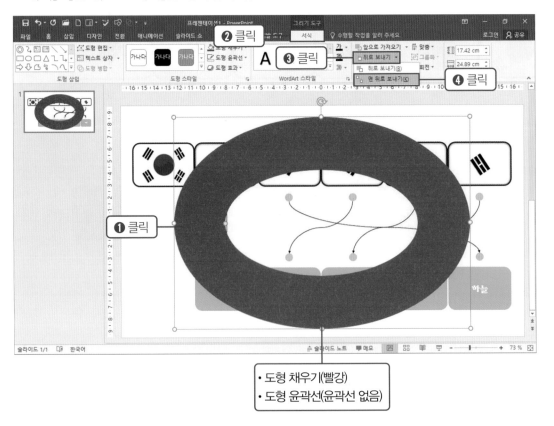

도형을 하나로 묶어 보아요.

여러 도형을 그룹으로 지정하면 하나의 도형처럼 활용할 수 있답니다. 여러 도형을 하나로 묶는 방법을 함께 알아볼까요?

① 마우스를 드래그하여 다음과 같이 모든 도형을 선택합니다.

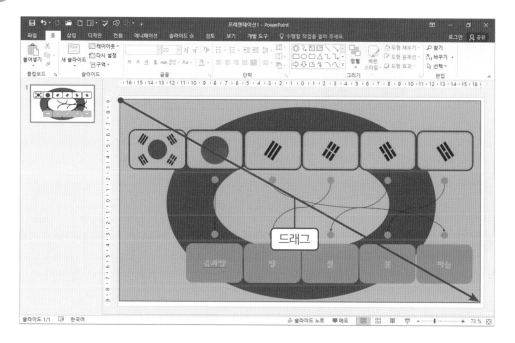

② 선택한 도형을 하나로 묶기 위해 [그리기 도구]-[서식] 탭-[정렬] 그룹에서 [그룹화]-[그룹]을 선택합니다.

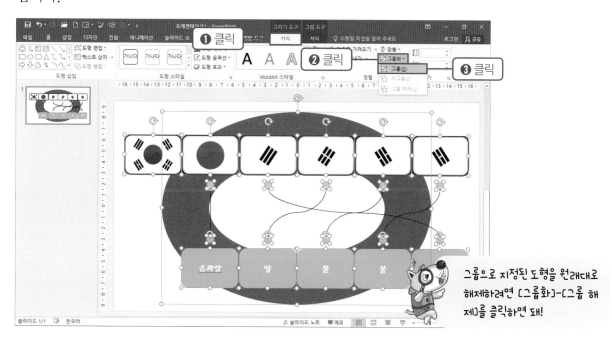

그룹으로 지정된 도형을 원래대로 해제하려면 [그룹화]-[그룹 해제]를 클릭하면 돼!

1 | [빈 화면] 레이아웃을 이용하여 도형을 작성하고 그룹을 지정해 보세요.

2 | [빈 화면] 레이아웃을 이용하여 도형을 작성하고 그룹을 지정해 보세요.

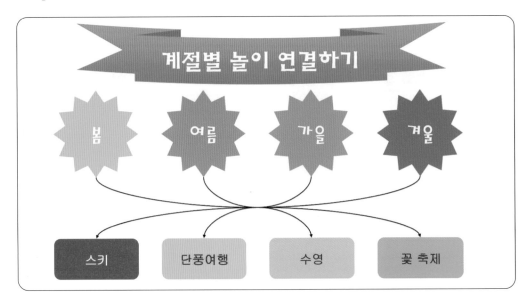

Hint 글꼴과 도형의 전체적인 모양은 임의로 예쁘게 만들어 보세요.

16장 홍보대원 생일 기록

내용을 보기 좋게 정리해서 한눈에 알아볼 수 있도록 하고 싶은데... 어떻게 해야 할까?

표 기능을 이용해봐! 표를 이용하면 내용을 보기 좋게 정리할 수 있을 거야!

홍보 대원 생일 기록

학교	이름	날짜
소원초	강은영	03월 02일
소원초	홍지원	05월 09일
홍보초	최민지	02월 28일
홍보초	공수현	10월 02일
	원민	

미션 Hint

• 표 삽입하기 : 슬라이드의 [표 삽입] 아이콘 또는 [삽입] 탭의 [표]를 이용해 표를 작성할 수 있습니다.
• 표 높이/너비 조절하기 : 마우스 드래그를 이용해 표의 크기와 위치를 자유자재로 조절할 수 있습니다.

01 슬라이드에 표를 삽입해 보아요.

표 기능을 이용하면 내용을 보기 좋게 정리하고 한눈에 알아보도록 할 수 있어요. 이번에는 표 기능에 대해 알아보아요.

1 [제목 및 내용] 레이아웃을 적용한 후 다음과 같이 [표 삽입] 아이콘을 클릭합니다. 이어서 [표 삽입] 대화상자가 나타나면 열 개수 '3', 행 개수 '6'을 입력하고 [확인] 단추를 클릭합니다.

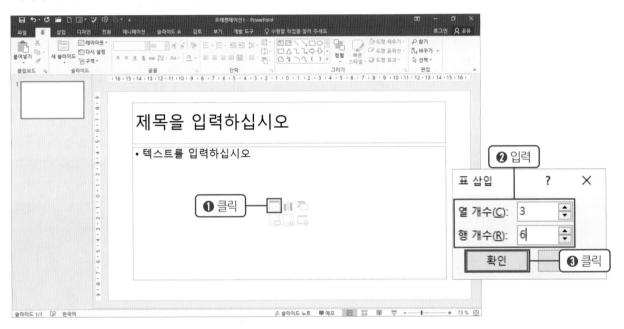

2 다음과 같이 슬라이드에 내용을 입력해 봅니다.

홍보 대원 생일 기록

학교	이름	날짜
소원초	강은영	03월 02일
소원초	홍지원	05월 09일
홍보초	최민지	02월 28일
홍보초	공수현	10월 02일
홍보초	원민	12월 01일

③ 표를 선택한 후 [표 도구]-[디자인] 탭-[표 스타일] 그룹에서 [자세히] 단추를 클릭하여 '보통 스타일 2 - 강조 4'를 선택합니다.

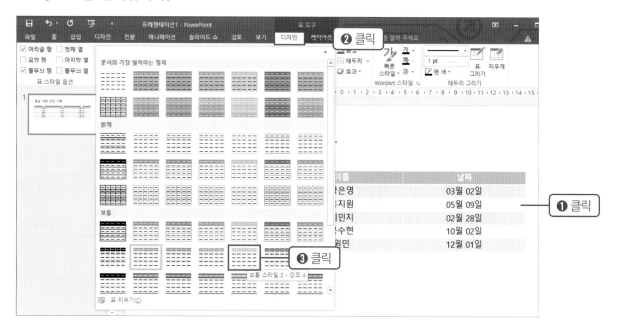

④ 표가 선택된 상태에서 [표 도구]-[레이아웃] 탭-[맞춤] 그룹에서 [가운데 맞춤(☰)]과 [세로 가운데 맞춤(▤)]을 선택합니다.

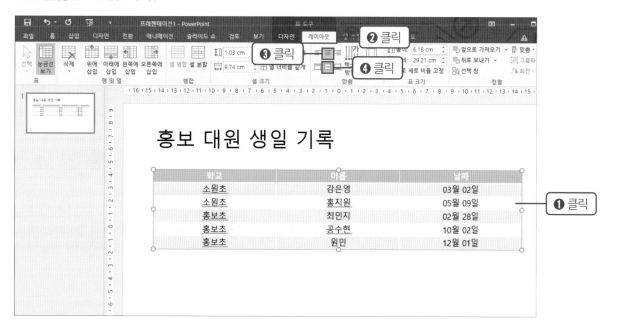

02 높이와 너비를 조절해 보아요.

마우스를 드래그하여 표의 크기와 위치를 자유자재로 조절할 수 있답니다. 표의 크기와 위치를 보기 좋게 조절해 볼까요?

1 마우스를 드래그하여 다음과 같이 셀의 너비를 조절해 봅니다.

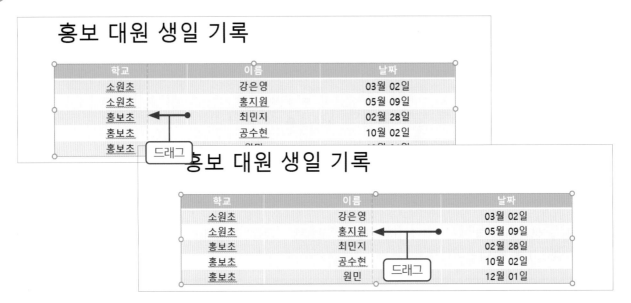

2 다음과 같이 글꼴을 지정하고 모양 조절점을 드래그하여 표의 크기를 조절해 봅니다.

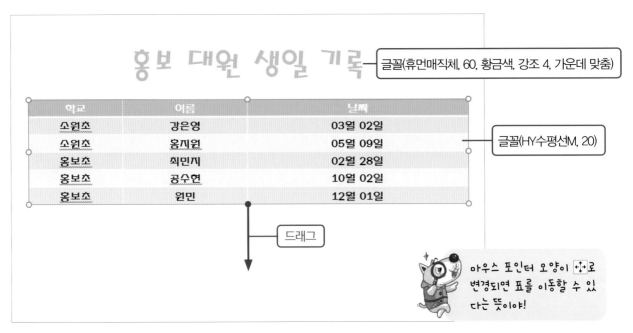

마우스 포인터 모양이 ✛로 변경되면 표를 이동할 수 있다는 뜻이야!

1 표(3열×5행)를 이용하여 다음과 같은 슬라이드를 완성해 보세요.

동아리 활동 ── 글꼴(HY산B, 54, 가운데 맞춤)

동아리 명	대상 학년	모집 인원
배드민턴	5~6학년	20명
영화 감상	3~6학년	25명
방송부	4~6학년	10명
육상부	3~6학년	10명

- 표 스타일(테마 스타일 1 - 강조 4)
- 글꼴(HY엽서L, 24, 굵게, 가운데 맞춤)

2 표(3열×5행)를 이용하여 다음과 같은 슬라이드를 완성해 보세요.

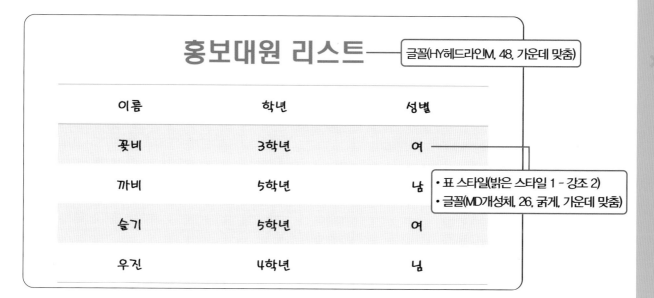

홍보대원 리스트 ── 글꼴(HY헤드라인M, 48, 가운데 맞춤)

이름	학년	성별
꽃비	3학년	여
까비	5학년	남
슬기	5학년	여
우진	4학년	남

- 표 스타일(밝은 스타일 1 - 강조 2)
- 글꼴(MD개성체, 26, 굵게, 가운데 맞춤)

01 표의 모양을 변경해 보아요.

[표 도구]–[디자인] 탭을 이용해 표의 스타일 등을 다양하게 설정하거나 [표 도구]–[레이아웃] 탭을 이용해 여러 셀을 하나로 합칠 수 있어요.

1 [빈 화면] 레이아웃을 적용한 후 [삽입] 탭–[표] 그룹–[표]를 이용해 '3×6 표'를 삽입합니다.

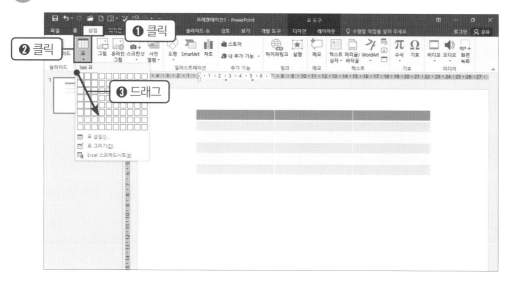

2 [표 도구]–[디자인] 탭–[표 스타일 옵션] 그룹에서 [머리글 행]과 [줄무늬 행]을 클릭하여 체크 표시를 해제합니다.

3 [표 스타일] 그룹에서 [자세히] 단추를 클릭한 후 '스타일 없음, 표 눈금'을 선택합니다.

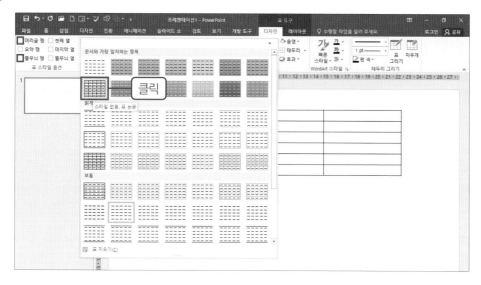

4️⃣ 다음과 같이 첫 행을 블록으로 지정하고 [표 도구]–[레이아웃] 탭–[병합] 그룹에서 [셀 병합]을 선택합니다.

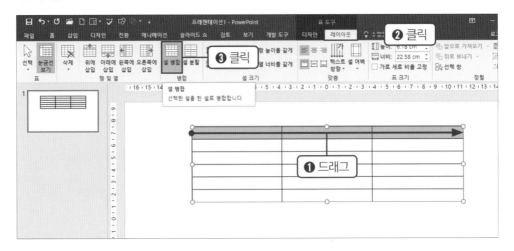

5️⃣ [셀 병합]을 이용하여 다음과 같이 표를 완성하고 크기와 위치를 적절히 조절해 봅니다.

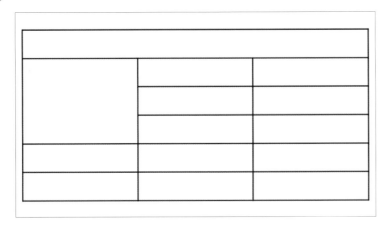

6️⃣ 표 테두리를 변경하기 위해 표를 선택한 후 [표 도구]–[디자인] 탭–[테두리 그리기] 그룹에서 [펜 두께]로 [2.25 pt]를 선택합니다.

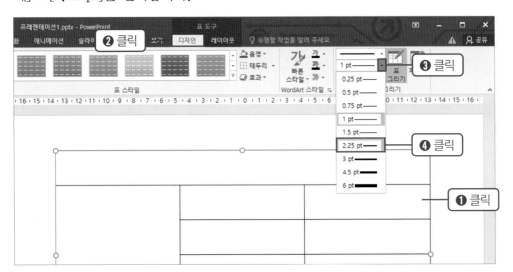

7 [표 도구]–[디자인] 탭–[표 스타일] 그룹에서 [테두리]로 [바깥쪽 테두리]를 선택합니다.

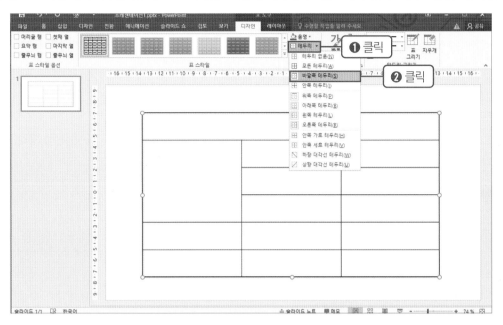

8 표가 선택된 상태에서 [표 도구]–[레이아웃] 탭–[맞춤] 그룹에서 [가운데 맞춤(≡)]과 [세로 가운데 맞춤(▤)]을 선택합니다.

9 표의 높이와 너비를 적절히 조절한 후 다음과 같이 표를 완성해 봅니다.

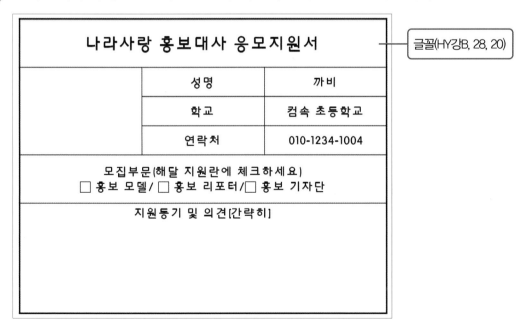

 특수문자 '□'는 키보드의 'ㅁ' + 한자 를 눌러 입력하면 돼!

02 표에 그림을 삽입해 보아요.

[표 스타일] 그룹의 [음영]-[그림]을 이용해 컴퓨터에 있는 나만의 그림을 표에 삽입할 수 있어요. 함께 표에 그림을 삽입해 볼까요?

1 그림을 삽입할 곳을 클릭하여 커서를 위치시킨 후 [표 도구]-[디자인] 탭-[표 스타일] 그룹에서 [음영]-[그림]-[파일에서]를 클릭합니다.

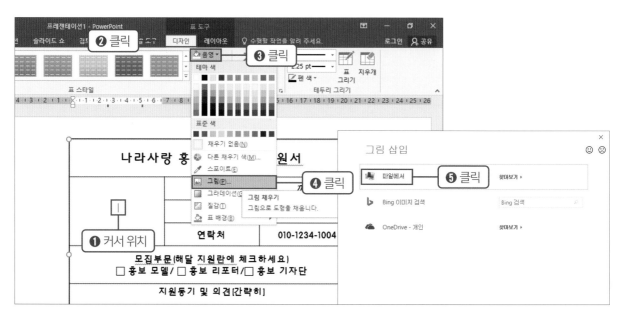

2 [그림 삽입] 대화상자가 나타나면 '17장까비.jpg' 파일을 찾아 다음과 같이 삽입해 봅니다.

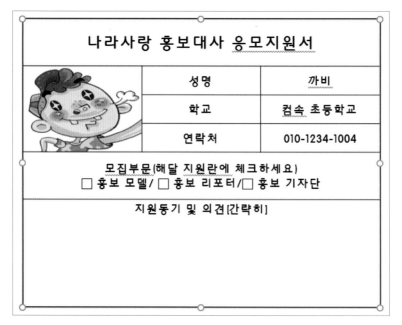

쑥쑥! 실력 키우기

1 표(6열×3행)를 이용하여 다음과 같은 슬라이드를 완성해 보세요.

모자이크 사진 만들기 ── 글꼴(HY산B, 48, 가운데 맞춤)

그림 삽입('고양이.jpg')

Hint [표 선택]-[도형 서식]-[채우기]-[그림 또는 질감 채우기]에서 그림을 추가한 후 [그림을 질감으로 바둑판식 배열]에 체크해요.

2 표(30열×14행)를 이용하여 다음과 같은 슬라이드를 완성해 보세요.

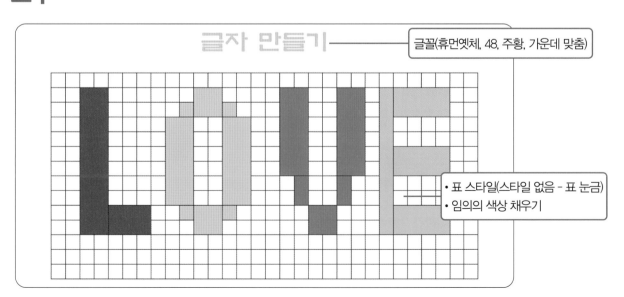

글자 만들기 ── 글꼴(휴먼옛체, 48, 주황, 가운데 맞춤)

• 표 스타일(스타일 없음 - 표 눈금)
• 임의의 색상 채우기

01 슬라이드에 차트를 삽입해 보아요.

차트를 이용하면 문서를 한눈에 비교하도록 만들 수 있어요. 함께 홍보대사 지원현황을 차트로 만들어 비교해 볼까요?

1 [제목 및 내용] 레이아웃을 적용한 후 제목을 작성하고 [차트 삽입] 아이콘을 클릭합니다.

2 [차트 삽입] 대화상자가 나타나면 [세로 막대형]-[묶은 세로 막대형] 차트를 선택한 후 [확인] 단추를 클릭합니다.

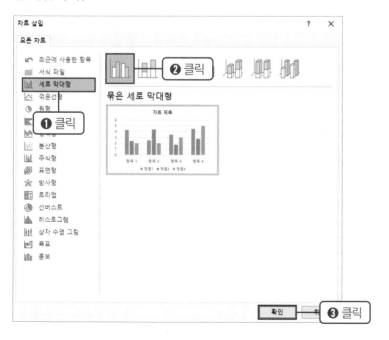

③ 엑셀 창이 실행되면 다음과 같이 데이터를 입력해 봅니다.

	여자	남자
컴숙 초등학교	12	10
한국 초등학교	15	11
사랑 초등학교	9	13

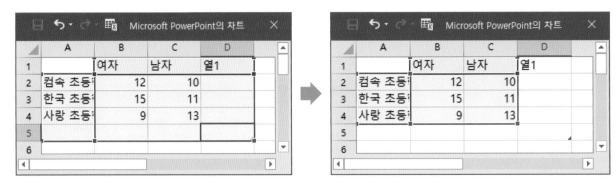

④ 필요 없는 부분은 Delete 를 이용해 삭제하고 마우스를 드래그하여 입력한 부분만 표현되도록 합니다.

⑤ 엑셀 창의 [닫기(×)] 단추를 클릭하고, 완성된 차트를 확인해 봅니다.

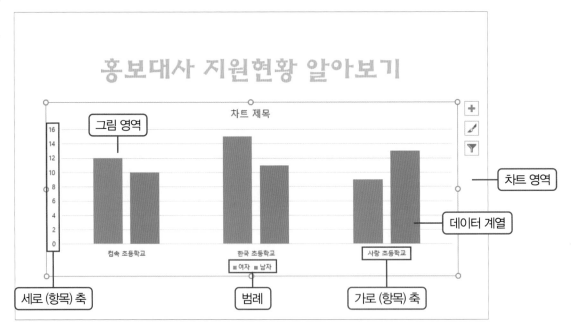

02 차트 디자인을 설정해 보아요.

[차트 레이아웃]과 [차트 스타일]을 이용해 차트 디자인을 설정해 보아요. 그리고 테두리를 지정하는 방법도 함께 알아보아요.

1 차트를 선택한 후 [차트 도구]-[디자인] 탭-[차트 레이아웃] 그룹에서 [빠른 레이아웃]을 클릭하고 '레이아웃 3'을 선택합니다.

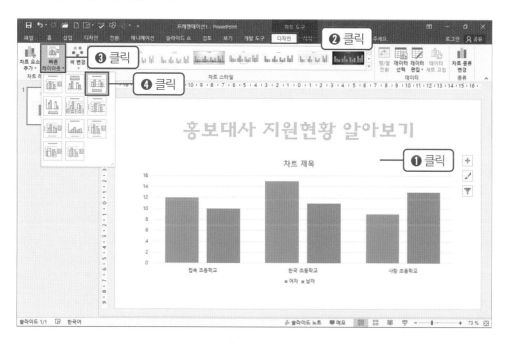

2 [차트 도구]-[디자인] 탭-[차트 스타일] 그룹에서 [자세히] 단추를 클릭하고 '스타일 12'를 선택합니다.

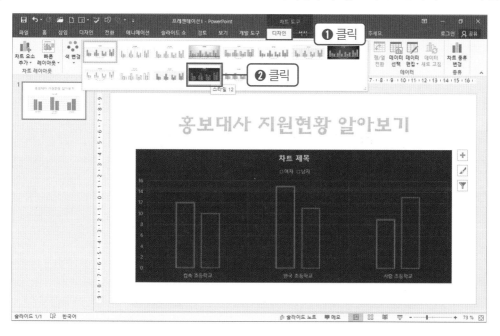

③ 차트의 테두리를 변경하기 위해 [차트 영역]을 더블클릭합니다.

④ 오른쪽에 [차트 영역 서식] 창이 나타나면 [테두리]에서 '실선'을 선택하고 [색]을 '황금색, 강조 4'로, [너비]를 '2 pt'와 '둥근 모서리'로 지정합니다.

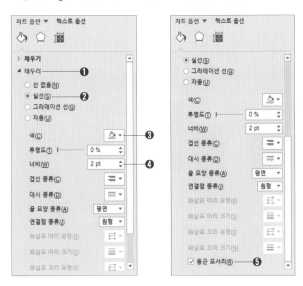

⑤ 다음과 같이 차트가 완성된 것을 확인한 후 차트 제목을 입력해 봅니다.

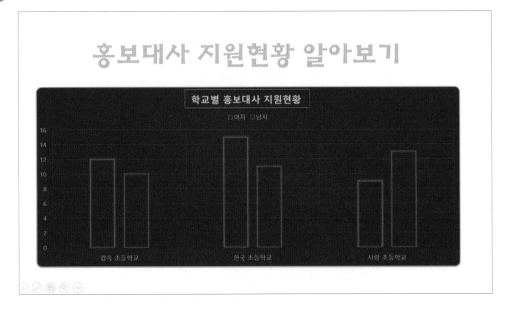

쑥쑥! 실력 키우기

1│ [제목 및 내용] 레이아웃을 이용하여 슬라이드를 완성해 보세요.

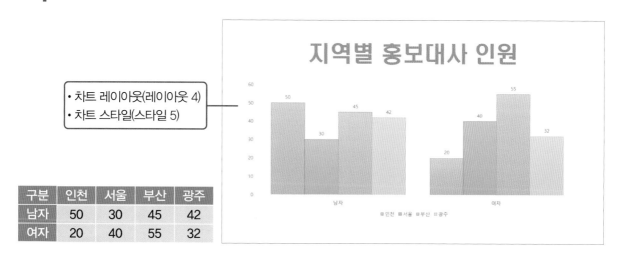

- 차트 레이아웃(레이아웃 4)
- 차트 스타일(스타일 5)

구분	인천	서울	부산	광주
남자	50	30	45	42
여자	20	40	55	32

2│ [제목 및 내용] 레이아웃을 이용하여 슬라이드를 완성해 보세요.

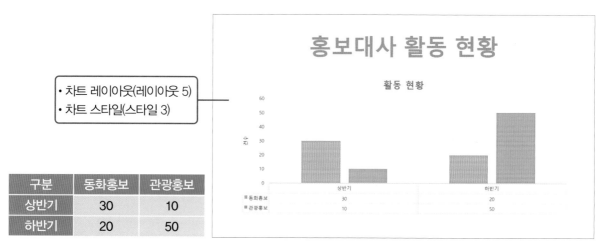

- 차트 레이아웃(레이아웃 5)
- 차트 스타일(스타일 3)

구분	동화홍보	관광홍보
상반기	30	10
하반기	20	50

 차트 안의 〈축 제목〉과 〈차트 제목〉 텍스트 상자는 Delete 를 이용해 삭제하세요.

차트의 종류를 변경해 보아요.

[차트 종류 변경]을 이용하면 특정 데이터 계열을 다른 차트로 변경할 수 있어요. 함께 차트를 변경하는 방법을 알아볼까요?

1 [제목 및 내용] 레이아웃을 적용한 후 [차트 삽입] 아이콘을 클릭합니다.

2 [차트 삽입] 대화상자가 나타나면 [세로 막대형]-[묶은 세로 막대형] 차트를 선택한 후 [확인] 단추를 클릭합니다.

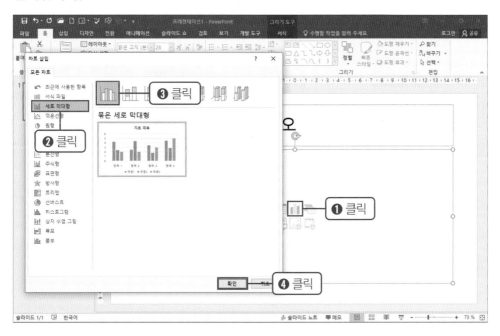

3 [데이터 시트] 창이 나타나면 기존 데이터를 삭제하고, 다음과 같이 데이터를 입력한 후 엑셀 창을 닫습니다.

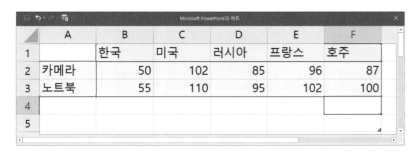

	A	한국	미국	러시아	프랑스	호주
1		한국	미국	러시아	프랑스	호주
2	카메라	50	102	85	96	87
3	노트북	55	110	95	102	100
4						
5						

4 차트 종류를 변경하기 위해 '미국' 데이터 계열을 클릭하고 [차트 도구]-[디자인] 탭-[종류] 그룹-[차트 종류 변경]을 선택합니다.

5 [차트 종류 변경] 대화상자가 나타나면 [계열 이름] '미국'에서 차트 종류를 '표식이 있는 꺾은선형'으로 선택한 후 보조 축을 체크하고 [확인] 단추를 클릭합니다.

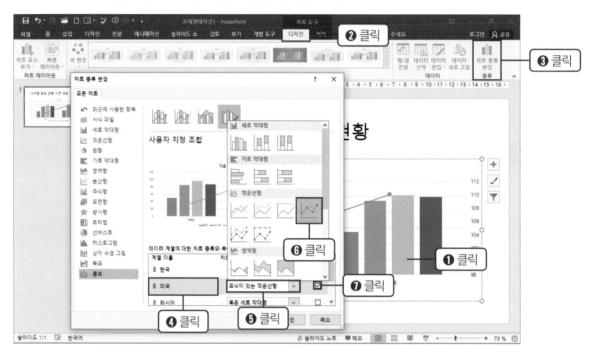

6 차트 레이아웃과 스타일 등을 변경하여 다음과 같이 차트를 완성해 봅니다.

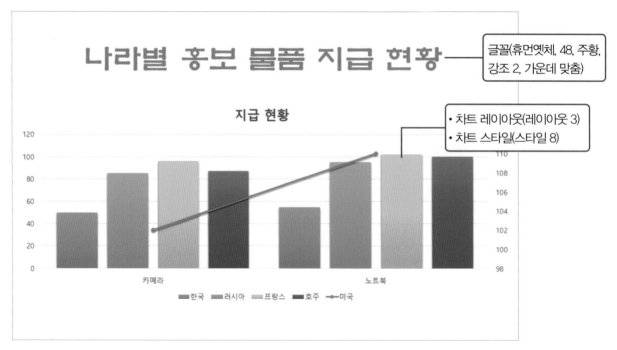

차트 제목, 차트 영역, 그림 영역, 데이터 계열 등의 서식을 변경해 차트를 꾸밀 수 있어요. 함께 차트를 꾸며 볼까요?

1 차트 영역을 더블클릭한 후 [차트 영역 서식] 창이 나타나면 [채우기]의 [그라데이션 채우기]를 선택한 후 [그라데이션 미리 설정]에서 '위쪽 스프라이트 강조 4'를 선택합니다.

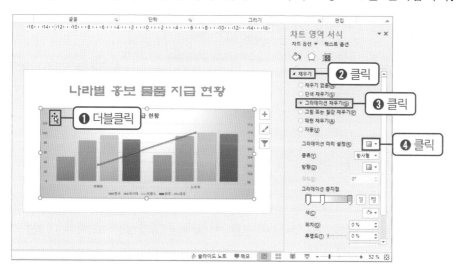

2 '한국' 데이터 계열을 더블클릭한 후 [데이터 요소 서식] 창이 나타나면 [계열 옵션]을 클릭하고 [계열 겹치기]를 '50%', [간격 너비]를 '150%'로 지정합니다.

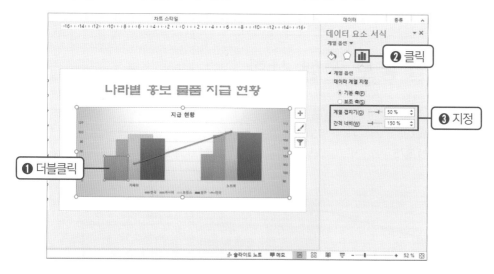

 재미 Fun 실력 Up

차트 영역/그림 영역/데이터 계열 등을 더블클릭한 후 각 영역 서식의 [채우기]에서 임의로 색을 지정해 보세요.

쑥쑥! 실력 키우기

1 표와 차트를 이용하여 다음과 같은 슬라이드를 작성해 보세요.
  • 차트 종류 : 꺾은선형 – 표식이 있는 꺾은선형

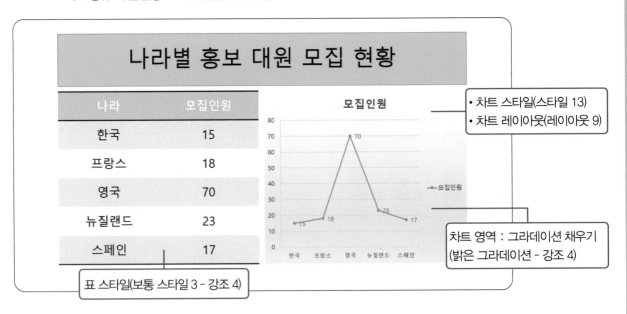

나라별 홍보 대원 모집 현황

나라	모집인원
한국	15
프랑스	18
영국	70
뉴질랜드	23
스페인	17

• 차트 스타일(스타일 13)
• 차트 레이아웃(레이아웃 9)

차트 영역 : 그라데이션 채우기
(밝은 그라데이션 – 강조 4)

표 스타일(보통 스타일 3 – 강조 4)

2 표와 차트를 이용하여 다음과 같은 슬라이드를 작성해 보세요.
  • 차트 종류 : 세로 막대형 – 묶은 세로 막대형

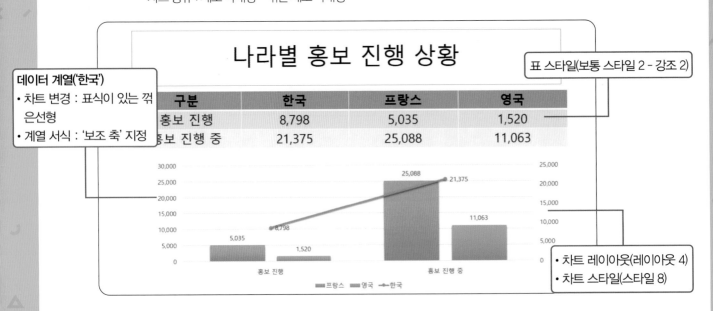

나라별 홍보 진행 상황

표 스타일(보통 스타일 2 – 강조 2)

데이터 계열('한국')
• 차트 변경 : 표식이 있는 꺾은선형
• 계열 서식 : '보조 축' 지정

구분	한국	프랑스	영국
홍보 진행	8,798	5,035	1,520
홍보 진행 중	21,375	25,088	11,063

• 차트 레이아웃(레이아웃 4)
• 차트 스타일(스타일 8)

Hint 조건에 없는 내용은 기본 값을 이용하거나 임의로 예쁘게 지정해 보세요.

조직도를 만들어 보아요.

조직도를 이용하면 가족 가계도, 회사 관계도와 같은 문서를 쉽게 작성할 수 있답니다. 함께 조직도를 만들어 볼까요?

1 [제목 및 내용] 레이아웃을 적용하고 [SmartArt 그래픽 삽입(📊)] 아이콘을 클릭하어 [계층 구조형]-[조직도형]을 선택한 후 [확인] 단추를 클릭합니다.

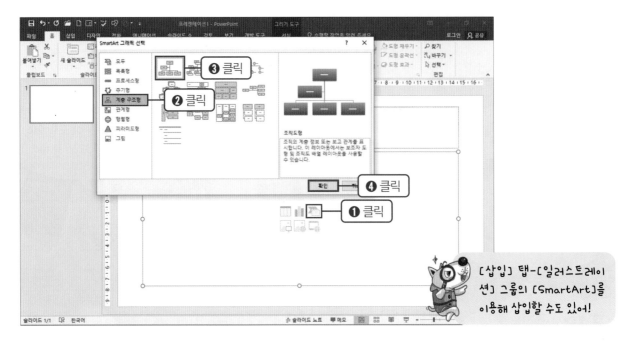

2 다음과 같이 도형을 선택한 후 [SmartArt 도구]-[디자인] 탭-[그래픽 만들기] 그룹에서 [도형 추가]-[아래에 도형 추가]를 선택합니다.

③ 다음과 같이 도형을 선택한 후 [SmartArt 도구]–[디자인] 탭–[그래픽 만들기] 그룹에서 [레이아 웃]–[표준]을 선택합니다.

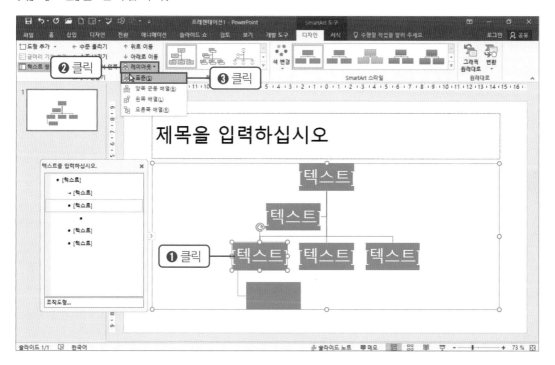

④ 위와 같은 방법으로 다음과 같이 조직도 도형을 추가하고 슬라이드를 완성해 봅니다.

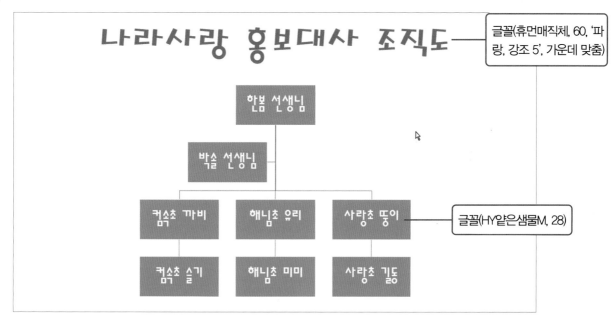

SmartArt 스타일을 이용해 색을 변경하거나 스타일을 지정하여 조직도를 예쁘게 꾸밀 수 있어요. 함께 예쁜 조직도를 만들어 보아요.

① 조직도를 선택한 후 [SmartArt 도구]-[디자인] 탭-[SmartArt 스타일] 그룹-[색 변경]에서 '색상형 범위 - 강조색 3 또는 4'를 선택합니다.

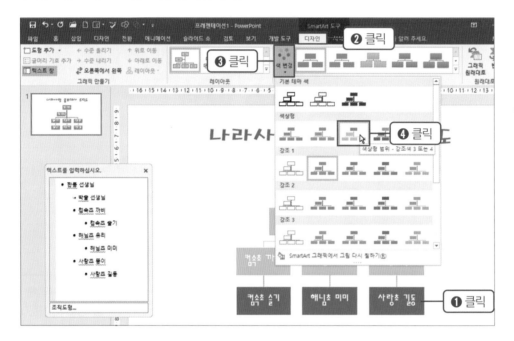

② [SmartArt 도구]-[디자인] 탭-[SmartArt 스타일] 그룹-[SmartArt 스타일]에서 '만화'를 선택합니다.

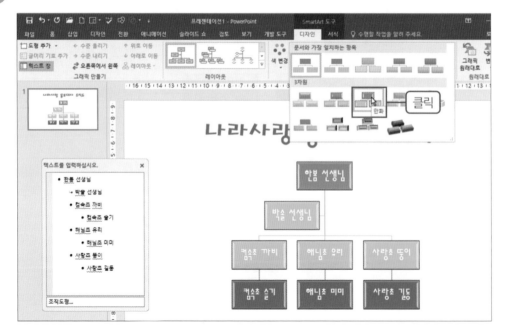

1 [제목 및 내용] 레이아웃을 이용하여 다음과 같은 슬라이드를 완성해 보세요.

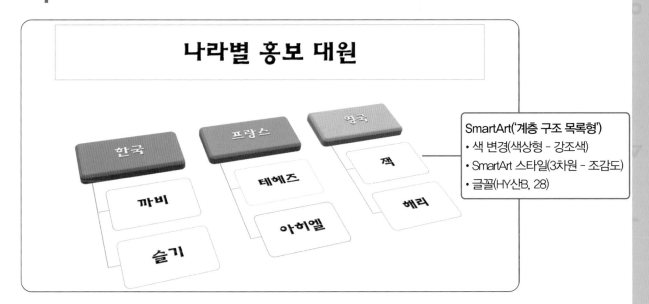

2 [빈 화면] 레이아웃을 이용하여 다음과 같은 슬라이드를 완성해 보세요.

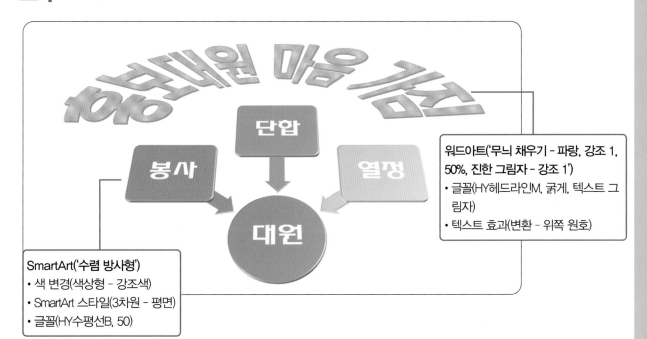

하이퍼링크를 지정해 보아요.

하이퍼링크를 사용하여 슬라이드를 다른 슬라이드, 웹 페이지, 파일 등에 연결할 수 있습니다. 함께 하이퍼링크를 지정해 볼까요?

1 '21강_숙소 구경하기.pptx' 파일을 불러와 두 번째 슬라이드('구조')에 다음과 같이 도형을 작성해 봅니다.

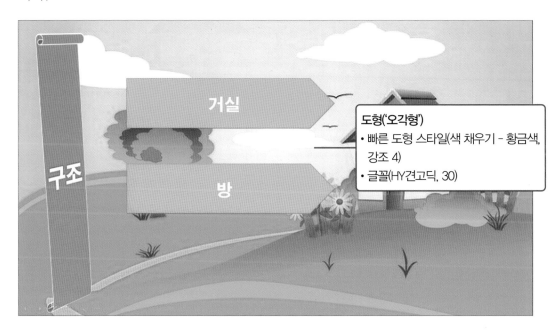

도형('오각형')
- 빠른 도형 스타일(색 채우기 – 황금색, 강조 4)
- 글꼴(HY견고딕, 30)

2 네 번째 슬라이드('방')에도 다음과 같이 도형을 작성해 봅니다.

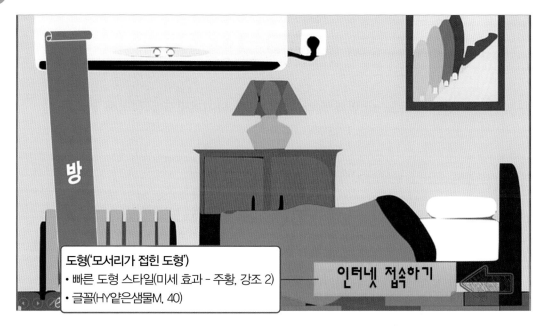

도형('모서리가 접힌 도형')
- 빠른 도형 스타일(미세 효과 – 주황, 강조 2)
- 글꼴(HY얇은샘물M, 40)

③ 두 번째 슬라이드('구조')를 선택한 후 '거실' 텍스트를 블록으로 지정하고 [삽입] 탭–[링크] 그룹–[하이퍼링크]를 선택합니다.

④ [하이퍼링크 삽입] 대화상자가 나타나면 [현재 문서]를 클릭한 후 세 번째 슬라이드('거실')를 선택하고 [확인] 단추를 클릭합니다.

⑤ 위와 같은 방법으로 '방' 텍스트도 네 번째 슬라이드('방')에 하이퍼링크를 설정해 봅니다.

⑥ 네 번째 슬라이드('방')를 선택한 후 [인터넷 접속하기] 도형을 선택하고 [삽입] 탭-[링크] 그룹-[하이퍼링크]를 선택합니다.

⑦ [하이퍼링크 편집] 대화상자가 나타나면 [기존 파일/웹 페이지]를 클릭한 후 [주소]란에 'http://www.naver.com'을 입력하고 [확인] 단추를 클릭합니다.

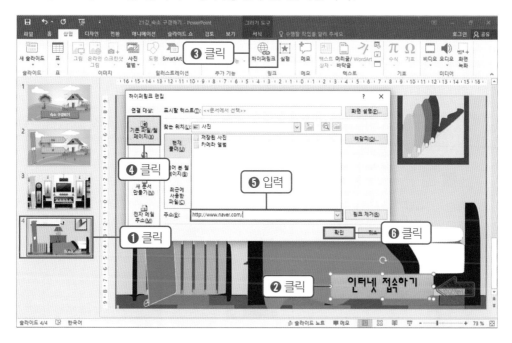

⑧ 다음과 같이 '화살표' 그림을 선택한 후 [삽입] 탭-[링크] 그룹-[실행]을 클릭하여 [실행 설정] 대화상자가 나타나면 [하이퍼링크]-[이전 슬라이드]를 지정해 봅니다.

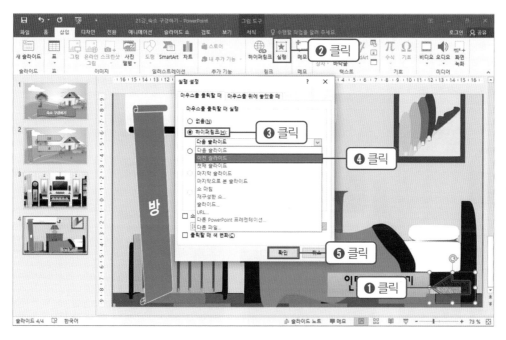

실행 단추를 삽입해 보아요.

다음, 이전, 처음 및 마지막 슬라이드로 이동하는 등의 자주 사용하는 기호가 있는 단추를 포함하고 싶을 때 실행 단추를 사용해요.

1 세 번째 슬라이드('거실')를 선택한 후 [삽입] 탭-[일러스트레이션] 그룹에서 [도형]-[실행 단추 : 홈 (🏠)]을 선택합니다.

2 마우스를 드래그하여 실행 단추를 작성하고 [실행 설정] 대화상자가 나타나면 '첫째 슬라이드'와 '카메라' 소리를 지정한 후 [확인] 단추를 클릭합니다.

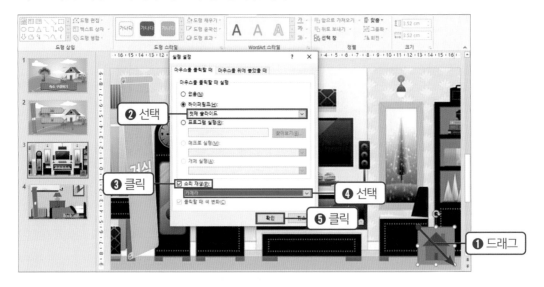

3 실행 단추의 채우기 색을 임의로 지정해 봅니다.

색 변경

03 동영상을 삽입해 보아요.

슬라이드 쇼 진행 시 동영상을 실행하고 싶다면 비디오 파일을 삽입하여 동영상을 추가할 수 있어요. 함께 슬라이드에 동영상을 삽입하는 방법을 알아보아요.

① 세 번째 슬라이드('거실')를 선택한 후 [삽입] 탭-[미디어] 그룹에서 [비디오]-[내 PC의 비디오]를 선택합니다.

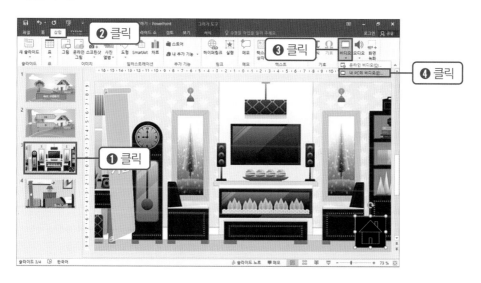

② [비디오 삽입] 대화상자가 나타나면 '집.mp4' 파일을 선택하여 슬라이드에 추가한 후 조절점을 드래그하여 TV 스크린 크기에 맞춥니다. 이어서 [비디오 도구]-[재생] 탭의 [비디오 옵션] 그룹에서 '시작'을 [자동 실행]으로 설정합니다.

③ F5를 눌러 슬라이드 쇼를 실행해 봅니다.

쏙쏙! 실력 키우기

1 │ 다음과 같은 슬라이드를 각각 완성해 보세요.

홍보 시 사용할 자전거의 종류

1 로드 사이클

2 접이식 자전거

3 산악 자전거

실행 단추
다음 슬라이드,
소리(요술봉)

하이퍼링크
슬라이드2

▲ 빈 화면

산악 자전거

동영상('자전거1.mp4')

동영상('자전거2.mp4')

실행 단추
첫째 슬라이드, 소리(동전)

▲ 제목만

Hint 도형 작성 및 글꼴, 도형 채우기, 선 색 등은 임의로 예쁘게 지정해 보세요.

01 슬라이드 마스터를 만들어 보아요.

한 번의 작업으로 모든 슬라이드에 공통되는 내용을 적용하기 위해 마스터 기능을 이용한답니다. 우리 함께 마스터를 지정해 보아요.

❶ '22강_독도는 우리 땅.pptx' 파일을 불러온 후 [보기] 탭-[마스터 보기] 그룹-[슬라이드 마스터]를 선택합니다.

❷ 다음과 같이 슬라이드 마스터 보기 상태를 확인해 봅니다.

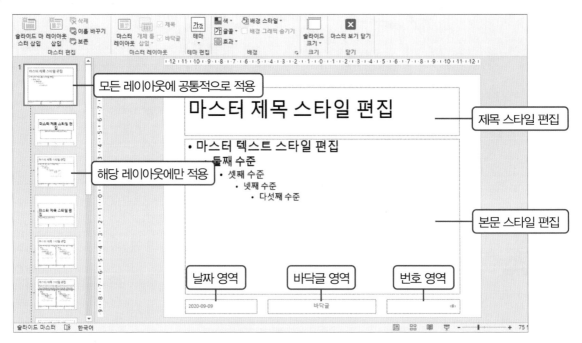

3 맨 상단의 [Office 테마 슬라이드 마스터]를 선택한 후 마스터 편집 화면 하단의 [날짜 영역]을 클릭하고 Delete 를 이용해 삭제합니다.

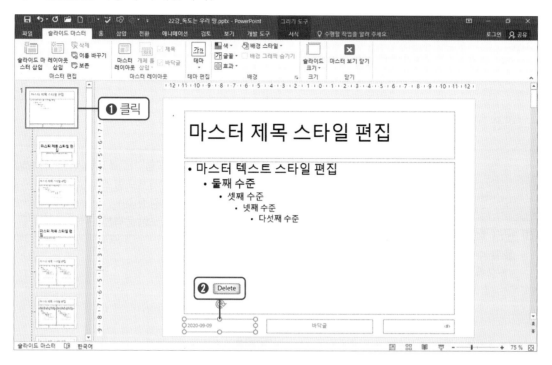

4 [제목 스타일 영역], [바닥글 영역], [번호 영역]을 다음과 같이 지정해 봅니다.

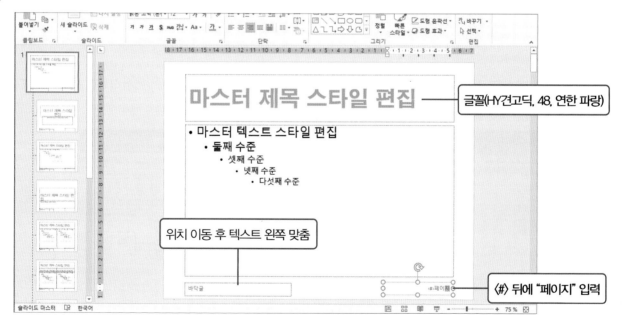

02 슬라이드 마스터를 편집해 보아요.

도형, 그림 등을 이용해 여러 슬라이드에 공통으로 들어가는 내용을 작성할 수 있어요. 함께 슬라이드 마스터를 편집해 보아요.

1 도형과 그림을 이용해 다음과 같은 슬라이드 마스터를 완성해 봅니다.

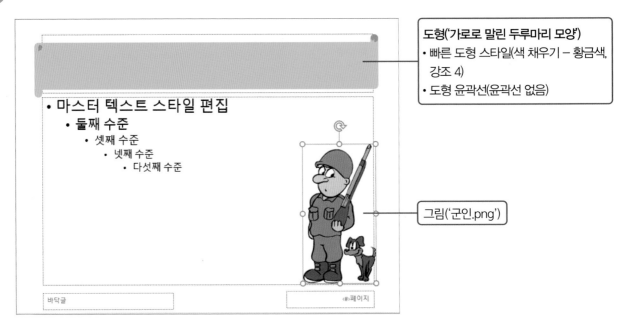

> **도형('가로로 말린 두루마리 모양')**
> • 빠른 도형 스타일(색 채우기 – 황금색, 강조 4)
> • 도형 윤곽선(윤곽선 없음)

> 그림('군인.png')

2 도형을 텍스트 상자 뒤로 보내기 위해 도형을 선택한 후 [그리기 도구]–[서식] 탭–[정렬] 그룹에서 [뒤로 보내기]–[맨 뒤로 보내기]를 선택합니다.

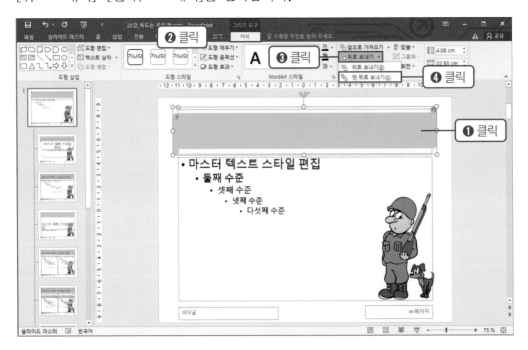

3 슬라이드 마스터 보기 상태를 종료하기 위해 [슬라이드 마스터] 탭-[닫기] 그룹-[마스터 보기 닫기]를 선택합니다.

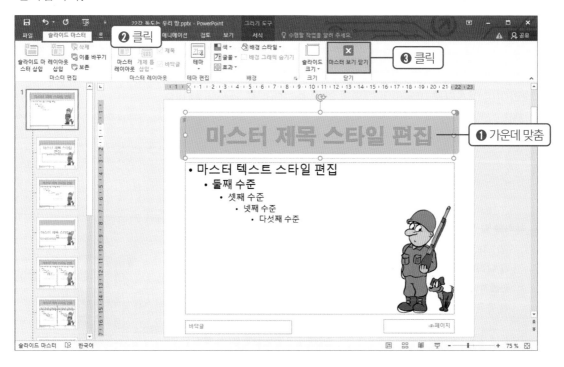

4 [삽입] 탭-[텍스트] 그룹-[머리글/바닥글]을 선택한 후 [머리글/바닥글] 대화상자가 나타나면 슬라이드 번호와 바닥글("독도는 우리땅")을 지정하고 [모두 적용] 단추를 클릭합니다.

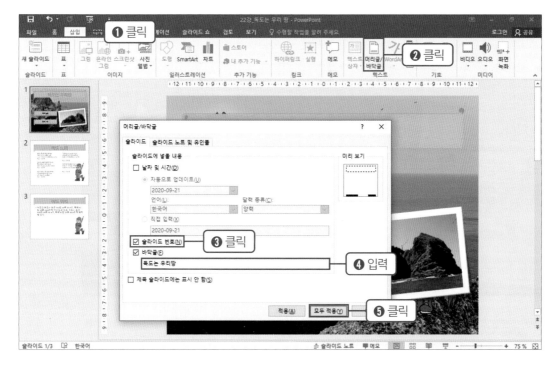

쑥쑥! 실력 키우기

1| 슬라이드 마스터를 이용하여 다음과 같은 슬라이드를 완성해 보세요.
· 제목 스타일 편집 : 도형('아래쪽 리본'), 빠른 도형 스타일(색 채우기 – 황금색, 강조 4), 글꼴(HY견고딕, 48, 파랑, 강조 5)

슬라이드 마스터 지정

그림('자동차.png')

배경('배경.png')

그림('여행1~여행4.jpg')

 Hint [제목 및 내용] 레이아웃을 이용하고, 글꼴과 스타일 등은 임의로 예쁘게 지정해 보세요.

01 애니메이션을 지정해 보아요.

개체에 나타내기, 강조 등의 효과를 주어 생동감 있는 슬라이드를 만들 수 있어요. 함께 개체에 애니메이션 효과를 지정해 보아요.

1 [빈 화면] 레이아웃을 적용한 후 다음과 같은 슬라이드를 완성해 봅니다.

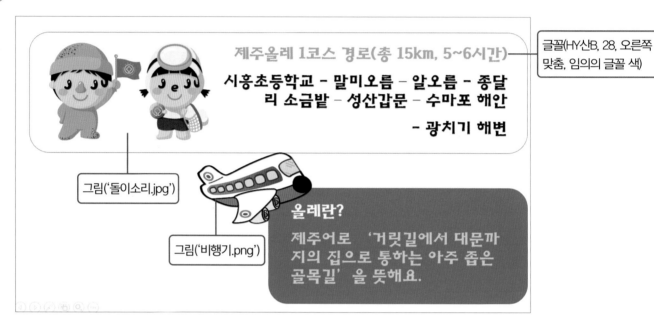

2 '돌이소리' 그림 개체를 클릭한 후 [애니메이션] 탭─[애니메이션] 그룹에서 [날아오기]를 선택합니다.

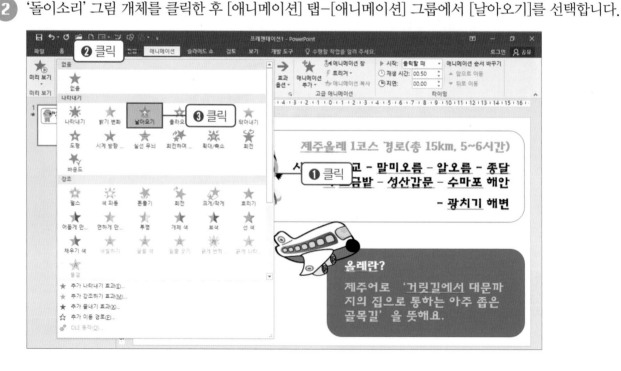

③ '돌이소리' 그림이 선택된 상태에서 [애니메이션] 탭-[애니메애션] 그룹의 [효과 옵션]-[왼쪽에서]를
선택합니다.

 지정한 애니메이션을 제거하려면 [애니메이션]에서 [없음]을 선택하면 돼!

④ '비행기' 그림 개체를 선택한 후 [애니메이션] 탭-[애니메이션] 그룹에서 [흔들기]를 선택합니다.

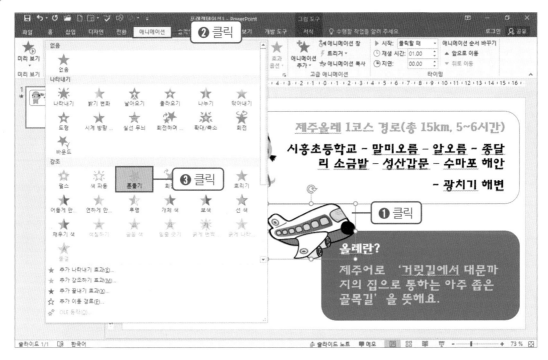

02 # 개체의 이동 경로를 지정해 보아요.

개체의 이동 경로를 선택하거나 사용자가 직접 그려 이동 경로를 지정할 수 있어요. 함께 이동 경로를 그려볼까요?

① '비행기' 그림 개체를 선택한 후 [애니메이션] 탭-[고급 애니메이션] 그룹에서 [애니메이션 추가]-[사용자 지정 경로]를 선택합니다.

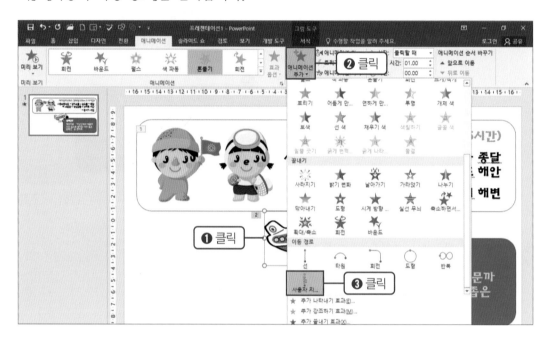

② 마우스를 드래그하여 '비행기' 그림 개체가 날아갈 이동 경로를 그려 봅니다.

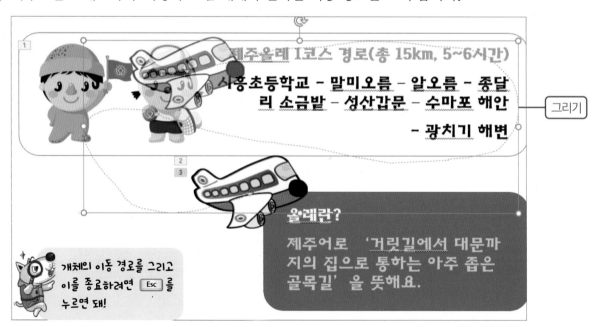

3 [애니메이션] 탭-[고급 애니메이션] 그룹에서 [애니메이션 창]을 선택하면 애니메이션이 적용된 개체들을 보면서 순서를 조정할 수 있습니다.

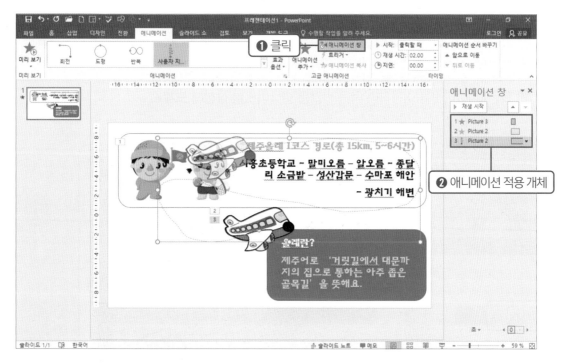

 지정한 애니메이션의 순서를 변경하고 싶을 때는 순서 조정 단추(▲ , ▼)를 이용해 봐!

4 [애니메이션 창]의 [모두 재생] 또는 F5 를 이용하여 슬라이드 쇼를 실행해 봅니다.

쑥쑥! 실력 키우기

1| [빈 화면] 레이아웃을 이용하여 다음과 같은 슬라이드를 작성해 보세요.

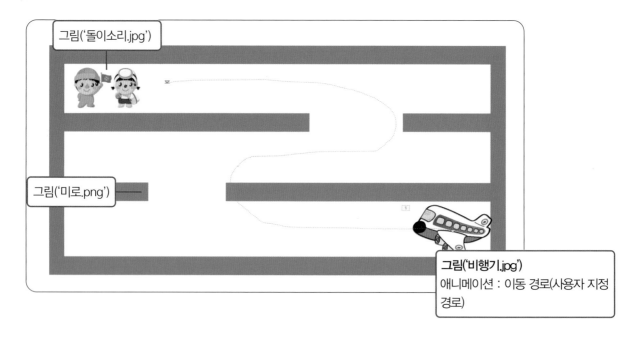

그림('돌이소리.jpg')

그림('미로.png')

그림('비행기.jpg')
애니메이션 : 이동 경로(사용자 지정 경로)

2| [빈 화면] 레이아웃을 이용하여 다음과 같은 슬라이드를 작성해 보세요.

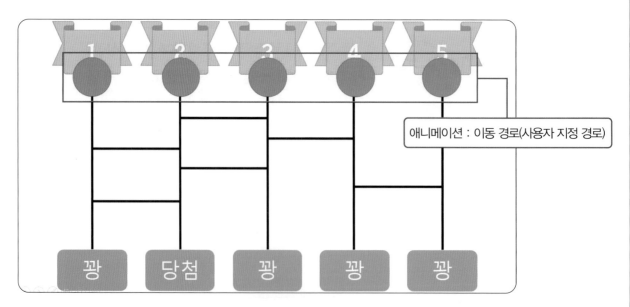

애니메이션 : 이동 경로(사용자 지정 경로)

Hint 도형 작성 및 글꼴, 도형 채우기 등은 임의로 예쁘게 지정해 보세요.

01 화면 전환 효과를 지정해 보아요.

슬라이드에 화면 전환 효과를 지정하면 훨훨 날아다니는 재미있는 문서를 만들 수 있어요. 함께 화면 전환 효과를 지정해 볼까요?

① '24강_우리나라 진래놀이.pptx' 파일을 불러온 후 첫 번째 슬라이드를 신택합니다.

② [전환] 탭-[슬라이드 화면 전환] 그룹에서 [실선 무늬]와 [효과 옵션]-[가로]를 차례대로 선택합니다.

여러 슬라이드를 비교하면서 전환 효과를 지정하려면 [여러 슬라이드 보기]를 이용해!

③ 두 번째 슬라이드를 선택하고 [전환] 탭-[슬라이드 화면 전환] 그룹에서 [반짝이기]를 선택합니다.

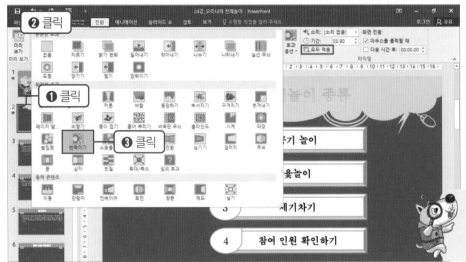

[모두 적용]을 클릭하면 여러 슬라이드에 같은 화면 전환 효과가 적용돼!

배운 내용을 복습해 보아요.

배운 내용을 다시 한 번 확인하고 정리함으로써 학습 효과를 두 배로 올릴 수 있어요. 함께 배운 내용을 차근차근 복습해 보아요.

1 첫 번째 슬라이드를 선택한 후 다음과 같이 슬라이드를 완성해 봅니다.

2 두 번째 슬라이드를 선택한 후 다음과 같이 슬라이드를 완성해 봅니다.

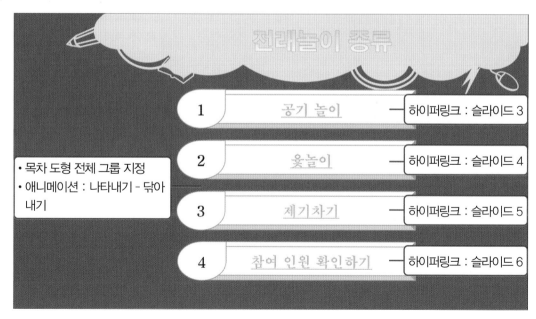

3 세 번째 슬라이드를 선택한 후 다음과 같이 슬라이드를 완성해 봅니다.
· 화면 전환 : 화려한 효과 – 확대/축소

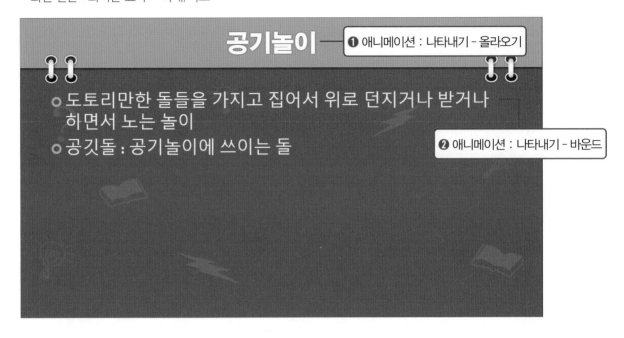

4 네 번째 슬라이드를 선택한 후 다음과 같이 슬라이드를 완성해 봅니다.
· 화면 전환 : 동적 콘텐츠 – 회전

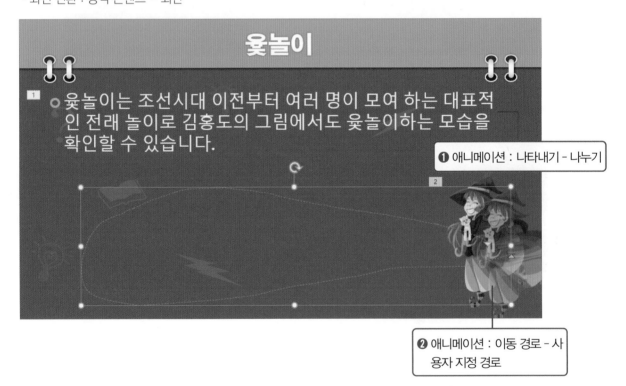

5 다섯 번째 슬라이드를 선택한 후 다음과 같이 슬라이드를 완성해 봅니다.

· 화면 전환 : 화려한 효과 – 전환

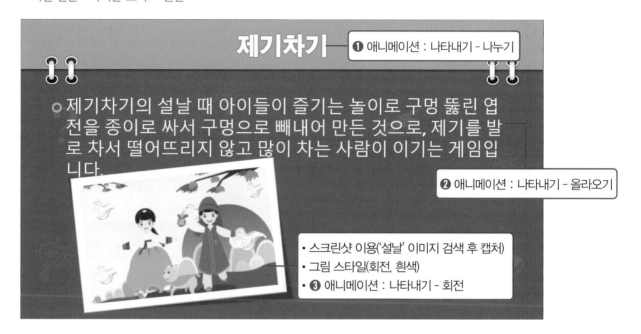

6 여섯 번째 슬라이드를 선택한 후 다음과 같이 슬라이드를 완성해 봅니다.

· 화면 전환 : 화려한 효과 – 종이 접기

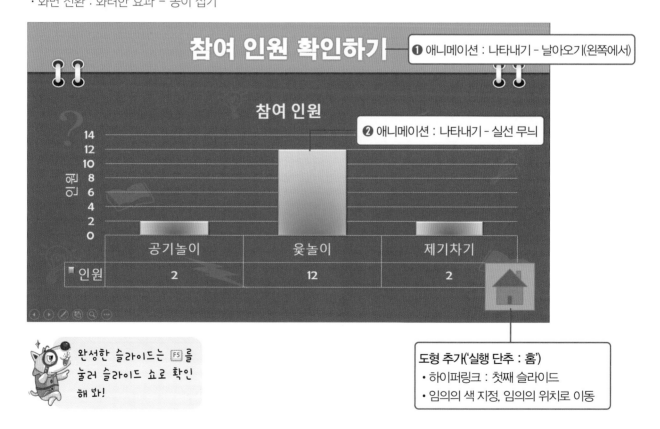

완성한 슬라이드는 F5 를 눌러 슬라이드 쇼로 확인 해 봐!

도형 추가('실행 단추 : 홈')
· 하이퍼링크 : 첫째 슬라이드
· 임의의 색 지정, 임의의 위치로 이동

쑥쑥! 실력 키우기

1 조건을 이용하여 다음과 같은 슬라이드를 각각 작성해 보세요.

· 디자인 테마 : 어린이 테마

홍보 대원 이야기 —— ❶ 애니메이션 : 나타내기 – 날아오기(왼쪽에서)

❷ 애니메이션 : 나타내기 – 실선 무늬(가로)

화면 전환 : 화려한 효과 – 파장

나의 이야기가 궁금 할거야~

그림('홍보대원.jpg')

▲ 빈 화면

홍보 대원 이야기 —— 애니메이션 : 나타내기 – 바운드

○ 나는 세계 여러 나라 친구들에게 서울을 안내해 주고 싶어서 홍보 대원이 됐어!

○ 홍보 대원이 되고 나서 나는 친구들에게 서울을 소개하기 위해 영상 촬영 방법이나 편집 방법에 대해 공부를 하고 있어.

그림('홍보대원.jpg')

화면 전환 : 동적 콘텐츠 – 궤도

▲ 비교

 그림 삽입 및 글꼴 등은 임의로 예쁘게 지정해 보세요.

도전! 발표 마법사 자격증

학교		초등학교	학년 / 반		학년 반
이름			컴퓨터 수련기간		개월
타자 최고 점수		타	합격 여부		합격 / 불합격

[작성시간 : 20분]

슬라이드 전체
• 슬라이드의 크기는 A4 Paper로 설정하여 작성할 것

✎ 다음과 같은 슬라이드를 각각 완성해 보세요.

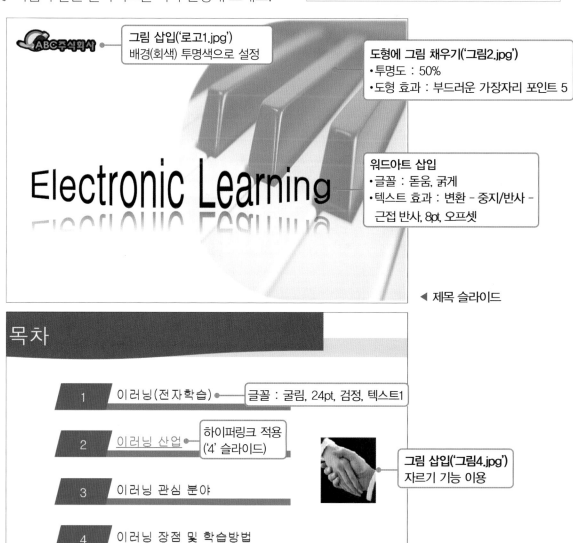

그림 삽입('로고1.jpg')
배경(회색) 투명색으로 설정

도형에 그림 채우기('그림2.jpg')
• 투명도 : 50%
• 도형 효과 : 부드러운 가장자리 포인트 5

워드아트 삽입
• 글꼴 : 돋움, 굵게
• 텍스트 효과 : 변환 – 중지/반사 –
  근접 반사, 8pt, 오프셋

◀ 제목 슬라이드

목차

1 이러닝(전자학습) ── 글꼴 : 굴림, 24pt, 검정, 텍스트1

2 이러닝 산업 ── 하이퍼링크 적용
('4' 슬라이드)

그림 삽입('그림4.jpg')
자르기 기능 이용

3 이러닝 관심 분야

4 이러닝 장점 및 학습방법

◀ 제목 및 내용

도전! 발표 마법사 자격증

학교		초등학교	학년 / 반		학년 반
이름			컴퓨터 수련기간		개월
타자 최고 점수		타	합격 여부		합격 / 불합격

[작성시간 : 20분]

✏️ 다음과 같은 슬라이드를 각각 완성해 보세요.

1. 이러닝(전자학습)

◆ **e-learning**
  ➢ This describes the cognitive science principles of multimedia learning
  ➢ This is usually what people are referring to when they use the term EdTech

◆ **이러닝(전자학습)**
  ➢ 이러닝은 정보통신기술을 활용하여 언제, 어디서나, 누구나 맞춤형 학습을 할 수 있는 체계로 학습 공간의 확대와 학습자 주도적 교육의 강화에 기여함

◆ 문단(돋움, 24pt, 굵게, 줄 간격 : 1.5)
➢ 문단(돋움, 20pt, 줄 간격 : 1.5)

동영상 삽입('동영상.wmv') 자동실행, 반복재생 설정

ABC주식회사   3   ◀ 제목 및 내용

2. 이러닝 산업

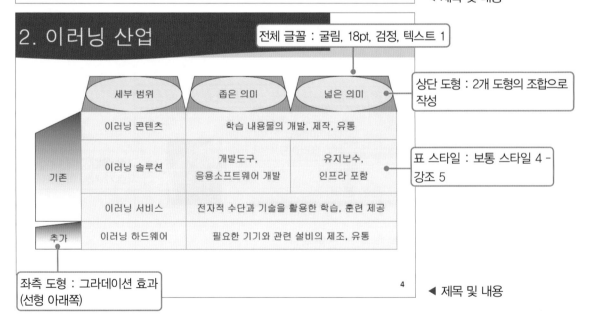

전체 글꼴 : 굴림, 18pt, 검정, 텍스트 1

세부 범위	좁은 의미	넓은 의미
	이러닝 콘텐츠	학습 내용물의 개발, 제작, 유통	
기존	이러닝 솔루션	개발도구, 응용소프트웨어 개발	유지보수, 인프라 포함
	이러닝 서비스	전자적 수단과 기술을 활용한 학습, 훈련 제공	
추가	이러닝 하드웨어	필요한 기기와 관련 설비의 제조, 유통	

상단 도형 : 2개 도형의 조합으로 작성

표 스타일 : 보통 스타일 4 - 강조 5

좌측 도형 : 그라데이션 효과 (선형 아래쪽)

4   ◀ 제목 및 내용

도전! 발표 마법사 자격증

학교		초등학교	학년 / 반		학년	반
이름			컴퓨터 수련기간			개월
타자 최고 점수		타	합격 여부		합격 / 불합격	

[작성시간 : 20분]

✎ 다음과 같은 슬라이드를 각각 완성해 보세요.

슬라이드 전체
• 슬라이드의 크기는 A4 Paper로 설정하여 작성할 것

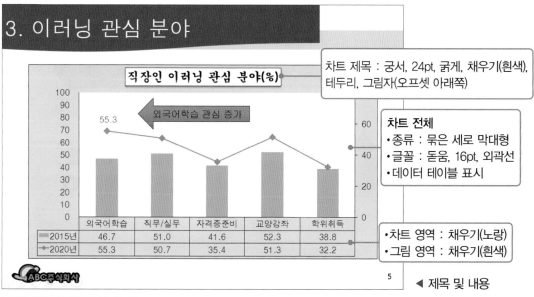

차트 제목 : 궁서, 24pt, 굵게, 채우기(흰색), 테두리, 그림자(오프셋 아래쪽)

차트 전체
• 종류 : 묶은 세로 막대형
• 글꼴 : 돋움, 16pt, 외곽선
• 데이터 테이블 표시

• 차트 영역 : 채우기(노랑)
• 그림 영역 : 채우기(흰색)

◀ 제목 및 내용

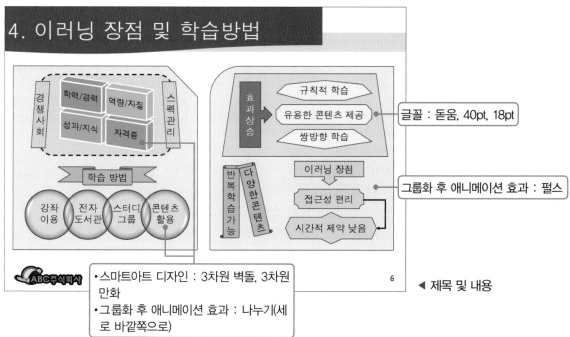

글꼴 : 돋움, 40pt, 18pt

그룹화 후 애니메이션 효과 : 펄스

• 스마트아트 디자인 : 3차원 벽돌, 3차원 만화
• 그룹화 후 애니메이션 효과 : 나누기(세로 바깥쪽으로)

◀ 제목 및 내용

도전! 발표 마법사 자격증

학교		초등학교	학년 / 반		학년　　반
이름			컴퓨터 수련기간		개월
타자 최고 점수		타	합격 여부		합격 / 불합격

✏️ 다음과 같은 슬라이드를 각각 완성해 보세요.　　　　　　　　　[작성시간 : 8분]

《출력형태》

《작성조건》

▶ 슬라이드 크기(A4), 방향(가로), 디자인 테마(Office 테마)로 지정합니다.
▶ 도형 1 ⇒ 기본 도형 : 팔각형, 도형 채우기(그라데이션 : 기본 설정 색 – 밤의 어둠, 종류 – 선형, 방향 – 선형 왼쪽), 선색(실선, 색 : 주황), 선 스타일(너비 : 3pt, 겹선 종류 : 단순형, 대시 종류 : 사각 점선), 도형 효과(그림자 – 원근감 – 아래쪽), 글꼴(궁서체, 48pt, 기울임, 텍스트 그림자, 노랑)
▶ 도형 2 ⇒ 별 및 현수막 : 포인트가 7개인 별, 도형 채우기(연한 파랑, 그라데이션 – 가운데에서), 선 없음, 도형 효과(그림자 – 안쪽 가운데, 반사 – '근접 반사, 터치')
▶ 도형 3 ⇒ 수식 도형 : 덧셈 기호, 도형 스타일('미세 효과 – 빨강, 강조 2')
▶ 그림 삽입 ⇒ 그림 1 삽입, 크기(높이 : 4cm, 너비 : 7cm)
▶ 텍스트 상자(컴퓨터에게 사람의 학습 능력을 응용하는 기술) ⇒ 글꼴(돋움체, 24pt, 굵게, 밑줄)
▶ 애니메이션 지정 ⇒ 그림 1 : 나타내기 – 도형

도전! 발표 마법사 자격증

학교	초등학교	학년 / 반	학년 반
이름		컴퓨터 수련기간	개월
타자 최고 점수	타	합격 여부	합격 / 불합격

✏️ 다음과 같은 슬라이드를 각각 완성해 보세요.　　　　　　　　　[작성시간 : 10분]

《출력형태》

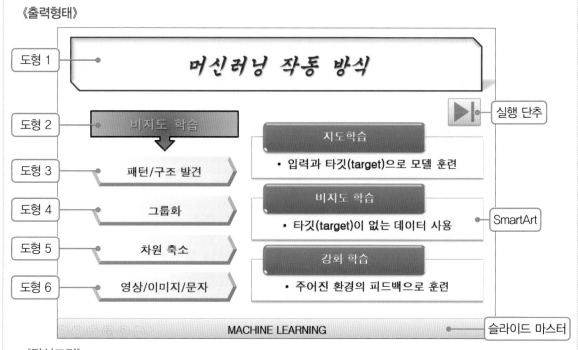

《작성조건》

(1) 제목
　▶ 도형 1 ⇒ 사각형 : 대각선 방향의 모서리가 잘린 사각형, 도형 채우기('파랑, 강조 1, 80%
　　　　　　　더 밝게'), 선 색(실선, 색 : 진한 파랑), 선 스타일(너비 : 2pt, 겹선 종류 : 단순형),
　　　　　　　도형 효과(그림자 - 원근감 대각선 오른쪽 위, 입체 효과 - 부드럽게 둥글리기),
　　　　　　　글꼴(궁서체, 36pt, 기울임꼴, 텍스트 그림자, 진한 파랑)

(2) 본문
　▶ 도형 2 ⇒ 블록 화살표 : 아래쪽 화살표 설명선, 도형 채우기('황록색, 강조 3', 그라데이션
　　　　　　　- 가운데에서), 선 색(실선, 색 : '검정, 텍스트 1'), 선 스타일(너비 : 2pt, 겹선 종류 :
　　　　　　　단순형), 글꼴(돋움체, 22pt, 굵게, 텍스트 그림자, 주황)
　▶ 도형 3~6 ⇒ 기본 도형 : 육각형, 도형 채우기(노랑, 그라데이션 - 선형 왼쪽), 선 없음,
　　　　　　　　도형 효과(입체 효과 - 각지게), 글꼴(돋움, 20pt, 굵게, '검정, 텍스트 1')
　▶ 실행 단추 ⇒ 실행 단추 : 끝, 하이퍼링크 : 마지막 슬라이드,
　　　　　　　　도형 스타일('미세 효과 - 파랑, 강조 1')
　▶ SmartArt 삽입 ⇒ 목록형 : 세로 상자 목록형, 글꼴(돋움, 20pt, 굵게, 가운데 맞춤),
　　　　　　　　SmartArt 스타일(3차원 - 광택 처리), (반드시 SmartArt 기능을 이용하여
　　　　　　　　작성할 것)
　▶ 애니메이션 지정 ⇒ SmartArt : 나타내기 - 나누기

도전! 발표 마법사 자격증

학교		초등학교	학년 / 반		학년 반
이름			컴퓨터 수련기간		개월
타자 최고 점수		타	합격 여부		합격 / 불합격

✏️ 다음과 같은 슬라이드를 각각 완성해 보세요.　　　　　　　　　　[작성시간 : 10분]

《출력형태》

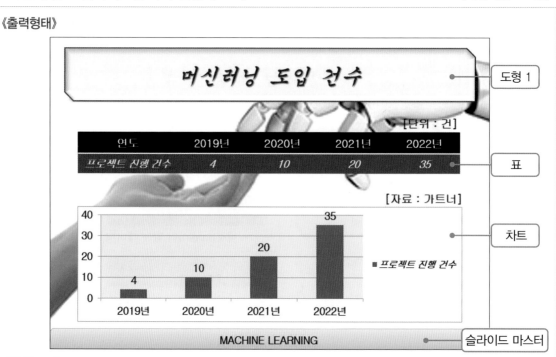

《작성조건》

(1) 제목
　▶ 도형 1 ⇒ 사각형 : 대각선 방향의 모서리가 잘린 사각형, 도형 채우기('파랑, 강조 1, 80%
　　　더 밝게'), 선 색(실선, 색 : 진한 파랑), 선 스타일(너비 : 2pt, 겹선 종류 : 단순형),
　　　도형 효과(그림자 – 원근감 대각선 오른쪽 위, 입체 효과 – 부드럽게 둥글리기), 글꼴
　　　(궁서체, 36pt, 기울임꼴, 텍스트 그림자, 진한 파랑)

(2) 본문
　▶ 텍스트 상자 1([단위 : 건]) ⇒ 글꼴(굴림, 20pt, 굵게)
　▶ 표 ⇒ 표 스타일(어두운 스타일 1 – 강조 2),
　　　가장 위의 행 : 글꼴(굴림, 20pt, 굵게, 텍스트 그림자, 가운데 맞춤),
　　　나머지 행 : 글꼴(굴림, 18pt, 굵게, 기울임꼴, 가운데 맞춤)
　▶ 텍스트 상자 2([자료 : 가트너]) ⇒ 글꼴(굴림, 20pt, 굵게)
　▶ 차트 ⇒ 세로 막대형 : 묶은 세로 막대형, 차트 스타일(스타일 36),
　　　축 서식/데이터 레이블 서식 : 글꼴(굴림, 18pt, 굵게),
　　　범례 서식 : 글꼴(굴림, 16pt, 굵게, 기울임꼴), 데이터는 표 참고
　▶ 배경 ⇒ 배경 서식(채우기 – 그림 또는 질감 채우기)에서 그림 2 삽입(현재 슬라이드만 적용)
　▶ 애니메이션 지정 ⇒ 차트 : 나타내기 – 실선 무늬

도전! 발표 마법사 자격증

학교		초등학교	학년 / 반		학년 반
이름			컴퓨터 수련기간		개월
타자 최고 점수		타	합격 여부		합격 / 불합격

✏ 다음과 같은 슬라이드를 각각 완성해 보세요.　　　　　　　　　　　[작성시간 : 12분]

《출력형태》

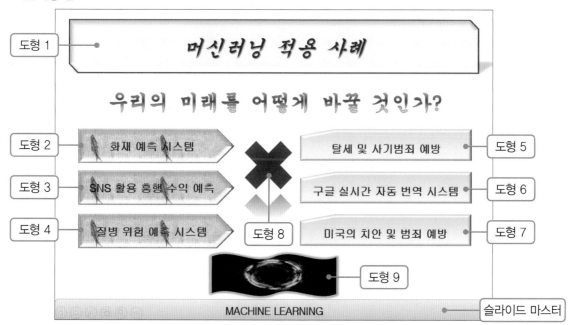

《작성조건》

(1) 제목
▶ 도형 1 ⇒ 사각형 : 대각선 방향의 모서리가 잘린 사각형, 도형 채우기('파랑, 강조 1, 80% 더 밝게'), 선 색(실선, 색 : 진한 파랑), 선 스타일(너비 : 2pt, 겹선 종류 : 단순형), 도형 효과(그림자 – 원근감 대각선 오른쪽 위, 입체 효과 – 부드럽게 둥글리기), 글꼴(궁서체, 36pt, 기울임꼴, 텍스트 그림자, 진한 파랑)

(2) 본문
▶ 도형 2~4 ⇒ 블록 화살표 : 오각형, 도형 채우기(질감 : 물고기 화석), 선 없음, 도형 효과(입체 효과 – 부드럽게 둥글리기), 글꼴(굴림, 20pt, 굵게, '검정, 텍스트 1')
▶ 도형 5~7 ⇒ 순서도 : 카드, 도형 채우기(연한 녹색, 그라데이션 – 선형 아래쪽), 선 없음, 도형 효과(입체 효과 – 둥글게), 글꼴(굴림, 20pt, 굵게, '검정, 텍스트 1')
▶ 도형 8 ⇒ 수식 도형 : 곱셈 기호, 도형 채우기(진한 빨강, 그라데이션 – 가운데에서), 선 없음, 도형 효과(반사 – '1/2, 8pt 오프셋')
▶ 도형 9 ⇒ 별 및 현수막 : 이중 물결, 도형 채우기(그림 또는 질감 채우기) 기능을 사용하여 그림 3 삽입, 선 색(실선, 색 : 연한 녹색), 선 스타일(너비 : 2pt, 겹선 종류 : 단순형), 도형 효과(그림자 – 바깥쪽 – 오프셋 가운데)
▶ WordArt 삽입(우리의 미래를 어떻게 바꿀 것인가?) ⇒ WordArt 스타일('그라데이션 채우기 – 파랑, 강조 1'), 글꼴(궁서체, 36pt, 굵게)